プロジェクト アドベンチャー ジャパン監修

みんなの
PA系ゲーム 243

諸澄 敏之　編著／イラスト

株式会社　杏林書院

執筆者一覧（50音順）

飯村　美佳	（みど）	横浜国立大学教育人間科学部附属鎌倉小学校
五十嵐亜季	（いーちゃん）	太田市立城西小学校
伊勢みゆき	（ミルキー）	宮城青年国際交流機構
井上　孝之	（TAKABO）	神奈川県立大師高校
岡本　研	（KENさん）	海老名市教育委員会
甲斐崎博史	（KAI）	東京都西多摩郡瑞穂町立瑞穂第四小学校
川田　喜規	（よしを）	前橋市立永明小学校
川端　幸子	（サチ）	東京都あきる野市立西秋留小学校
倉田　武明	（たけちゃん）	神奈川県立相原高校
小島　朋子	（Tomo）	フリー
斉藤　剛士	（たけ）	館林市立第二小学校
白山　明秀	（アキさん）	玉川大学学術研究所
諏訪由実子	（すわっち）	群馬県佐波郡玉村町立南小学校
高久　啓吾	（高Q）	神奈川県寒川町立一之宮小学校
高橋　健	（けんぽこ）	綾瀬市立綾西小学校
田倉　弘明	（バード）	神奈川県立清川青少年の家
豊田　純夫	（とみー）	神奈川県立愛川ふれあいの村
中村　道子	（みー）	愛知学院大学大学院心身科学研究科
永田　陽子	（ハイジ）	東京都青梅市立今井小学校
二宮　孝	（nino3）	NPO法人体験学習研究会
長尾　恵	（MEG）	FUNN Communications
長谷川　洋	（Moomin）	桐生市立天沼小学校
春山　美穂	（みっぷう）	桐生市立桜木小学校
本田陽志恵	（ほんちゃん）	東京都西多摩郡瑞穂町立瑞穂第四小学校
前澤可奈子	（かな）	フリー
諸澄　敏之	（諸さん）	神奈川県立鎌倉高校
安江　千佳	（Chika）	フリー
山田　隼土	（はやと）	東京都西多摩郡瑞穂町立瑞穂第四小学校
吉田　浩幸	（Chair）	横浜国立大学教育人間科学部附属鎌倉中学校
吉田　美保	（よっしー）	桐生市立天沼小学校
渡邊　由香	（しっしー）	フリー

監修のことば

　プロジェクト　アドベンチャー（PA）は約10年前に日本に紹介されました。当時、学校や野外活動で行われてきた、体験を主体とする活動がこれほどまでに整理、体系化されたものが世の中にあるということに関係者はびっくりしたものです。それ以来、PAはさまざまな場面で利用され、最近では学校や野外活動だけでなく、青少年の更正施設や企業研修などにも多く使われるようになってきました。

　このPA系ゲームがほかと違うところは、人と競争するものがほとんどないということです（例外はあります）。競争は人とするのではなく、自分と競争しましょうという考え方が貫かれています。大事なのは自分の中に目標を持つということです。人間はほかの人と競争すると負けまいと思って頑張ります。でも勝ち負けが決まるとそれでおしまいです。自分の中に目標を持てば、その目標を変えるだけで、際限なく続きます。目標は自分の中に持つということを習慣化しないと、競争相手がいないと行動が起こせなくなってしまいます。

　PA系ゲームはそれだけでも楽しいのですが、これを利用したプロジェクト　アドベンチャー　プログラムにもぜひ興味を持っていただきたいと思います。PAはこうしたゲームで楽しさを体験し、居心地のよい環境を作ります。そうすると、自分を守ろうとする壁が下がります。それまではあまり他人の話に耳を傾けなかった人が他人の話を聞くようになります。こうして多くの気づきを得ることができ、次に自分を変えるアドベンチャーに挑戦するようになります。その挑戦が仲間のサポートによって支えられる。これがPAの目指す「学びの環境」です。

　知っているゲームの数は多ければ多いほどよい。それはバック　オブ　トリックとも言われ、グループに今何が必要かを考え、それにもっとも合ったゲームを選ぶことができれば、より早く目標

に到達できます。特に時間が限られていることが多いPAの実践の現場ではそれが求められます。ただ、ゲームをある順番にやっていればグループが変わっていくわけではありません。大切なことは、今何が起きたのかをふり返ることです。ゲームの活動中にはいろいろなことが起こります。それをそのままやり過ごすのではなく、その体験から次につなげる「気づき」をいかに獲得するかということが大事です。たとえば、「自分たちが安心していられるグループを作るために、今のゲームから学んだことはありましたか。」などという「ふり返り」を随時入れていきます。ゲームが終わる度に、毎回やる必要はありません。子どもたちが話してくれそうな雰囲気ができたところでふり返ります。

　もうひとつ知っておいていただきたいのは、このような目的を達成するための手法はゲームでなくてもよいということです。時間があるときにPA系ゲームをやることは効果的ですが、時間がないときでもそれぞれの現場の特性に合わせた工夫をすることで同様の効果をあげることができます。目指すは「学びの環境」です。これを効果的に実現するためのキーワードは「意味」と「刺激」です。グループのメンバーに「意味ねーよ」といわれない活動を用意しなければなりません。勉強だって、子どもたちがその「意味」を感じ、それに「刺激」が加われば興味を持たないわけはありません。

　頑張ってください。

2005年8月

　　　　　　　　　　　　　　　　　プロジェクト アドベンチャー ジャパン

　　　　　　　　　　　　　　　　　　　　代表　林　壽夫

まえがき

　現在は更地と化した神奈川県立中央青年の家。本書の発端は、思い起こせば15年前にそこで開催されたイニシアティブゲーム大会、「お疲れ仮面」シリーズまでさかのぼります。PAの安全基準からいえば問題外のウォールやロープスコース、冬だというのにお約束でプールにはまった過酷なゲームの数々。原書をアバウトに解読しながら、間違いだらけではありましたが、それはそれで楽しいゲーム三昧でした。

　この流れはPAの日本上陸を契機に、タム氏・林氏・ユキさん・難波氏・ドネイ氏らのご指導のもと「PAの理論と実際」シリーズに受け継がれ、一度は正統派に更生するかに思われましたが、再び面白半分路線に逸脱して、その後の「ゲーム合宿」シリーズに継承されたのでした。

　しかし、面白半分といえども、継続は力なり。「同じゲームは二度やらない」「企画倒れも全然オッケー」をポリシーに、人づてに遠方から参加する奇特な人々を巻き込みながら、持ち寄られたゲームは500項目を超えて、ちょっとした財産になりました。そこで、これらのゲーム（アクティビティ）の数々を、ゲームに関心のある方々と共有しようと総括したのがこの本の由来です。

　まとめるに当たっては、「気軽で楽しい体験教育ゲームを解りやすく」をコンセプトに、最終的には243項目に削減しました。角材を必要とする大道具ものや、事前にロープを張りめぐらせるような準備もの、歌ったり踊ったりの演技力が必要な熟練もの、さらには、綿密な安全確保の手順が不可欠な真剣ものなどは、文章では伝わりにくいし、間違いのもとにもなりかねないので取り上げないことにしました。

　執筆は2004年の「ゲーム合宿」の参加者30名で分担しました。形式にはこだわらずに、それぞれのスタイルで書くことにしましたので、不ぞろいな筆致はご勘弁いただきたいと思います。

また、しばらくの絶句のあと監修を快く引き受けていただいたPAJの林さんにはとても感謝しています。

　PA系ゲームの第一人者Karl Rohnkeは、It is required by law to change the rules of any game found in this book at least once. と言ってますので、みなさんもひとひねりして、楽しいゲームにいろいろと挑戦してみてください。

2005年9月

諸澄　敏之

もくじ

I 出会いのゲーム

1. みんなオニ ……………… 2
2. 2人オニ ………………… 2
3. 鳥ちょうだい …………… 3
4. せ〜の！ ………………… 4
5. 数集まり ………………… 5
6. 数まわし ………………… 6
7. 木の中のリス …………… 7
8. よろしくゲーム ………… 8
9. みちづれよろしくゲーム … 9
10. 魂で握手 ………………… 10
11. 満員電車 ………………… 10
12. キャッチ ………………… 11
13. チクタクボン …………… 12
14. パタパタ ………………… 13
15. パントンパンパン ……… 14
16. 進化ジャンケン ………… 14
17. 進化ジャンケン2人組 … 15
18. 霊界ジャンケン ………… 16
19. 病院オニ ………………… 17
20. 番号おくり ……………… 18
21. 頭星人／お尻星人 ……… 19
22. インパルス ……………… 20
23. ジェスチャーリレー …… 21
24. ジャンケン場所替え …… 22
25. ジャンケンチャンピオン … 23
26. チーム対抗変装ゲーム … 25
27. しりとりバレー ………… 25
28. シークレットエージェント
    ……………………………… 26
29. ストップアンドゴー …… 27
30. スキヤキゲーム ………… 28
31. 聖徳太子 ………………… 29
32. 冷凍解凍オニ …………… 30
33. 持病オニ ………………… 30
34. 手足ウェーブ …………… 31
35. グループジェスチャー … 32
36. アドジャン ……………… 33
37. 指と指 …………………… 34

II 知り合うゲーム

38. 名前ゲーム ……………… 36
39. 別名ゲーム ……………… 36
40. ピンボール ……………… 37
41. シルバーシート ………… 38
42. ご対面 …………………… 39
43. 後ろの正面だあれ ……… 39
44. 理系・文系・体育系 …… 40
45. 仲間さがし ……………… 41
46. 見えない共通点 ………… 42
47. No.1よりオンリーワン … 42
48. したことある人 ………… 43
49. 境界線 …………………… 44
50. ジャンケンコール ……… 45
51. ラインアップ …………… 45
52. ボクも、私も …………… 47
53. ネームストレッチ ……… 47
54. スピンネーム …………… 48
55. ネームパドル …………… 49
56. 磁気嵐 …………………… 50
57. ネーム歯車 ……………… 50
58. 財布の中身 ……………… 51
59. 私の秘密 ………………… 52

III きずなのゲーム

60. ネンドとモデルと芸術家 … 56
61. 表情リレー ……………… 56
62. 仮面オニ ………………… 57
63. 臨死体験 ………………… 58
64. 番号！ …………………… 59
65. 一歩前へ ………………… 60
66. 目かくしオニごっこ …… 60

67 発射！ …………………61	102 バドワイザー …………90
68 ゾンビ …………………62	103 風船パニック …………92
69 ブタ小屋ゲーム ………63	104 目かくし多角形 ………92
70 不協和音 ………………63	105 夜間飛行………………93
71 人間隠し ………………64	106 もじもじ君 ……………94
72 おいはぎ………………66	107 菅平バレー …………94
73 お誕生日………………66	108 どうもどうもどうも …95
74 ヤートロープ …………67	109 魔法の鏡………………96
75 ホグコール …………68	110 毛布バレー …………97
76 人間カメラ …………69	111 ズーム ………………97
77 迷走 UFO ……………70	112 ヘリウムスティック ……98
78 迷走 UFO 新聞紙編……70	113 フープリレー …………99
79 リアクション …………71	114 ギアボックス ………100
80 リアクションⅡ ………72	115 みんなでジャグラー …100
81 ルックダウン・ルックアップ ………73	116 砂の器 ………………101
82 ルックアップ視力検査 ……74	117 知恵の輪………………102
83 世紀末ゲーム …………74	118 イタリアンゴルフ ……103
84 真夏の海水浴場 ………75	119 モンスター …………104
85 ミゼット………………76	120 月面ボール …………105
86 ヤートサークル ………77	121 吹雪のレスキュー隊 …106
87 おきまりのポーズ ……77	122 スパイ大作戦 ………107
88 台風の目………………78	123 マシュマロリバー ……107
89 鉄人28号 ……………79	124 ターザン……………108
90 ツボツボ………………80	125 ツーバイフォー ……109
	126 ワープスピード ……110
	127 ひっつきくるぶし ……112

Ⅳ 協力ゲーム

Ⅴ その他の楽しいゲーム

91 乗ってるかい …………82	128 タッチラグビー ……114
92 魔法のじゅうたん ……82	129 手つなぎオニ ………115
93 オールキャッチ ………83	130 アメーバ……………115
94 あやとり ………………84	131 めちゃぶつけ ………116
95 いっせえの！ …………85	132 熊が出た！ …………117
96 フォレストガンプ ……85	133 三位一体 ……………118
97 パニックボール ………86	134 エリミネーター ……119
98 不発弾 …………………87	135 見たね！ ……………120
99 ジオラマ………………88	136 ハイローヨー ………120
100 キーパンチ …………88	137 キツネとリス ………121
101 パイプライン ………89	

138	こおりお手玉	122
139	イースター島	123
140	グループフルーツバスケット	124
141	誘拐	125
142	軌道修正	126
143	ウィンク殺人事件	126
144	キツネとヒヨコ	128
145	古葉監督	128
146	クモの子散らせ	129
147	ヒメドッジ	130
148	ヒトとヒト	131
149	トラの穴	132
150	勇者のしるし	132
151	失礼します	133
152	ピンポンパン	134
153	なんでもビンゴ	134
154	東西南北	135
155	フープ東西南北	136
156	通り雨	136
157	リンゴの皮むき	137
158	ロボットさん	138
159	綱押し	139
160	ロープストレッチ	140
161	ロシアンルーレット	140
162	佐川急便	141
163	再会オニ	142
164	サムライ	142
165	ちょっかい	143
166	烙印	144
167	風船列車	145
168	罵声！	146
169	ほめ殺し！	146
170	ビート1〜5	147
171	観察眼	148
172	スキナー	149
173	ジップ光線	150
174	破れたハート	151
175	ゾンビとヒヨコ	152
176	ブブシカさん	152
177	妖精と魔法使い	153
178	袋のネズミ	154
179	竜のしっぽ	155
180	グループちょっかい	156
181	人間イス	156
182	サークル綱引き	157
183	切り紙師	158
184	ワイルドウーマン	159
185	いいとこどり	159
186	コピーキャット	160
187	大車輪	161
188	大車輪オニ	162
189	デスボール	163
190	王様デスボール	163
191	DNA	164
192	魚群	165
193	エーデルワイス	166
194	エルボータッチ	166
195	言葉づくり	167
196	ウィンク	168
197	フリンチマスター	169
198	キングフロッグ	170
199	流星雨	171
200	ハバハバ！	172
201	ハンドサッカー	172
202	犯人は誰だ！	173
203	ヘビオニ	174
204	何でもオニ	175
205	ヘビくぐり	176
206	情報戦争	177
207	お笑いインパルス	178
208	インベーダー街道	178
209	レプリカ	179
210	いわしオニ	180
211	ジャンクリレー	181
212	人物カルタ	182

213	横切りオニ ·············	183	*230* ワナナ ·····················	198
214	靴おくり ················	184	*231* ワナナでキングフロッグ	
215	靴合わせ ················	186	·····················	199
216	トニー谷 ················	186	*232* うずまき ·················	200
217	玉つきオニ ·············	187	*233* もしも ·····················	200
218	惑星旅行 ················	188	*234* 水族館 ·····················	201
219	ネズミ取り ·············	189	*235* すきま産業 ·············	202
220	人間コンベアー ········	190	*236* あんたがたどこさ	
221	人間ジャンケン ········	191	フォークダンス編 ·······	203
222	ヘビの巣 ················	191	*237* あんたがたどこさ	
223	王様陣営 ················	192	ドリフ編 ·····················	204
224	ドラキュラ ·············	193	*238* タコヤキ焼けた ··········	205
225	五目ヤキソバ ············	193	*239* 名探偵コイン ·············	205
226	チーム対抗五目ヤキソバ		*240* シェルター ················	206
	·····················	194	*241* 3人4脚サッカー ········	207
227	生態系 ·····················	195	*242* お家を描こう ·············	208
228	赤痢菌 ·····················	196	*243* 思い込み ·················	208
229	自転車操業 ·············	197		

I 出会いのゲーム

初対面の緊張をほぐし、楽しく和やかな雰囲気にするゲーム

　はじめての出会いには、不安と期待が交錯して誰しも緊張し、場の雰囲気は重苦しいものになりがちです。この緊張状態をほぐすことを、硬い氷を溶かすという意味で、アイスブレイクといいます。対象が子どもの場合でも大人の場合でも、このアイスブレイクの手順をはしょってグループが集まった本題に入ろうとすると、なかなか目的が達成できません。

　たとえば、新学期直後にクラスの委員を決めるという場合、目的は委員の選出ですがアイスブレイクなしに先生主導で決めようとしても、適材適所に積極的な役割分担を望むことは困難です。遠回りのようですが、最初に適当なアイスブレイクの時間を持つことで、驚くほど違った展開になります。

　アイスブレイクのポイントは、会場や時間や用具などの使えるリソースや制限、また、参加者が持っている身体的・精神的なデータなどを吟味して、対象の段階に合ったゲームを入念に準備することです。罰ゲームや競争仕様で積極的な参加をあおることは、緊張の緩和にはかえってマイナスになります。参加者が気楽に参加することができ、精神的にも肉体的にも少しも不安でないゲームがアイスブレイクのポイントです。特に一番最初のゲームは、その後の雰囲気を決定づける分水嶺のような重要なものですから、最初のゲームは自信を持って展開できるものを用意しましょう。

1 みんなオニ
EVERYBODY'S IT

その名のとおり、みんながオニになる、歩く速さのオニごっこです。人数は何人でもOK。30人でバスケットコートくらいが目安です。人数に合わせて動ける範囲を調節しましょう。広すぎると走ったりして危険です。

みんながオニになってタッチしていきます。タッチされた人はその場にしゃがみます。同時タッチはジャンケンや2人ともしゃがむということにしておくと、スムーズにできるでしょう。ただし、ジャンケンをしている間に、ほかの人にタッチされる可能性も…。人数が多くてもあっという間に終わるオニごっこです。最後の1人になるまでやらなくても3～4人残った時点で、"オニチャンピオン"として拍手をおくるのもいいでしょう。

みんながオニなのに、ひたすら逃げ回るオニや、果敢にタッチするオニなど、個性たっぷりのオニの出現も楽しめます。はじめに動ける範囲を少し広めにして、だんだんと狭くしていってもスリルいっぱいです。（ほんちゃん）

2 2人オニ
PAIRS TAG

輪になって集まります。その輪が動ける範囲となるよう、ロープで囲ったり、目印を置き、みんなで確認します。それから2人組

を作って、2人だけのキーワード（たとえば「3回まわってワン！」など、動きを取り入れてもおもしろい）を決めておきます。その2人組でそれぞれオニ、逃げる人になり、2人だけの歩く速さのオニごっこを始めます。追いかける人はその場でキーワードを唱えてから、逃げる人を追いかけ始めましょう。追いかける人が逃げる人をタッチしたら、追いかける人と逃げる人の役割を交代します。交代する時に、追いかける人はその場でキーワードを唱えてから再スタートです。

　限られた範囲の中で、みんなが同時にそれぞれのオニごっこを始めますから、自分の相手を間違えないように。ほかのペアをうまく壁にしたりするといいですよ。もちろん範囲の外に出てはいけません。それから、ほかのオニごっこのグループの人たちにぶつからないよう、"バンパー"の用意をして、動き回るスピード（ゆっくり歩き）に気をつけさせながら始めましょう。

　個人的には、ゲームの前に"ハチの巣"を取り入れて、活動の展開をスムーズにさせています。（すわっち）

3　鳥ちょうだい
FLIP ME A BIRD, GIVE ME A BIRD

　2人オニなどの歩く速さのオニごっこの応用編です。用意するものはラバーチキン。範囲はあまり広すぎないこと。人数は何人でも楽しめますが、人数が多いときにはオニを増やし、オニの数に合わせてチキンも増やしてください。

オニのゾンビはチキンが苦手です。ゾンビにつかまりそうになったら、仲間に助けを呼んで、チキンをゆずってもらいましょう。チキンを持っている間はゾンビに捕まる心配はありません。つかまってしまった人は、ゾンビと交代します。または、ゾンビが増えていくという設定にしてもおもしろいでしょう。いろいろと応用の効くアクティビティです。
　このゲームの基本コンセプトは「ゾンビと魔よけのトリ肉」ですが、日本人なら「悪代官と黄門の印籠」の設定で、悪代官が「悪よの～」と追い詰めるものの、パスされた印籠を突きつけられて「はは～っ」とひれ伏し、その間に逃げるというのもおもしろいです。かけ声は当然「ご隠居！」（はやと）

4　せ～の！

　声が届く範囲であれば大人数でも大丈夫。ファシリテーターの掛け声に合わせて拍手の練習をしましょう。「せーの！」パン（拍手）。「せーの！」パンパン。「せーの！」パンパンパン。拍手のルールがわかりましたか？　途中でファシリテーターが「集まれ！」（集合！やGO！でも可）と叫んだら、最後の拍手の回数だけ仲間を集めて座ります。大人も子どもも、仲間はずれになりたくないので、仲間集めに必死になります。人数集めのために、時には人を裏切り、裏切られという行為も発生しますが、笑ってフォローするのもファ

シリテーターの役目でしょう。はじめのうちは2人や3人の少人数で、だんだん人数を増やしたり、突然減らしてみたり、あぶれた人をつかまえて自己紹介をしてもらったりすると楽しめます。

その後の展開で3人組や12人組のグループに分けたい、というときにも便利なゲーム。一度やっておけば、その後別の活動をしている途中でも「せーの！」という掛け声と拍手がなったらみんな条件反射で動いちゃう。（MEG）

5　数集まり

リーダーの言った数の人数で集まるゲームです。ただ集まるだけではおもしろくないので、あらかじめいくつかポーズを決めます。たとえば、ヘビ、コアラ、カメ。まず、リーダーがお題をいいます。「ヘビ2！」2人が後ろに連結して完成。「コアラ3！」3人が前後に座り連結して完成。「カメ4！」4人が上に乗っかって重なって完成。連結の仕方も事前にアナウンスしておきます。

さらにアレンジ編。「スーパーのレジ、5人！」「深夜の

タクシー、4人！」無理難題を押し付けられていくうちに、参加者に「何でこんなことをしなくちゃいけないんだ…?!」という空気が流れ始めるころにさりげなく終了しましょう。

　そう、このアレンジ編は、お題を出す人がとっても楽しいのです。もちろん参加者はお互いに接触したり、おもしろいポーズや発想を表現することで自己開示をしていくことが目的なんですよ〜。（MEG）

❻　数まわし
ZIP!

　用意するものは頭のよさ、間違いを笑い合える雰囲気。グループで輪をつくります。スタートする人を決めて、1から順に数を言っていきます。ただし、3の倍数がまわってきたときには、数を言わずに拍手をします。1・2・パン・4・5・パン、という感じです。間違えてしまったらみんなで笑いましょう。慣れないうちは、ゆっくりやることが多いですが、慣れてきたらスピードを速くしてやってみましょう。あせると間違いが続出し、おもしろいでしょう。

　バリエーション…3の倍数でなくてもかまいません。また、倍数だけでなく、一の位にその数がきたときにも拍手を入れるというように、レベルを上げるのもいいでしょう。3の倍数に13、23、33などでも拍手を入れるようにするのです。（はやと）

7　木の中のリス

　3人組が基本のポジションをチェンジしていくタイプのオニごっこです。人数が少ないとあまり盛り上がらないので、最低15人くらいは欲しいところ。学校の1クラス程度（30〜40人）の人数が適当でしょう。2人は向かい合って両手をつないで、森の木（リスの家）の役、1人はリス役でその2人の間に挟まれるように入ります。オニにあたる「森のいたずら天使」がいろいろな災害を起こします。

① 「地震だ！」リスはビックリして家から飛び出し、新しい家を見つけてもぐりこみます。家役の2人はそのまま新しいリスがやってくるのを待ちます。

② 「家事だ！」火がまわってきたら大変。何とこの森の木は燃えたくないために動いて逃げ回ります。2人組はリスを残してバラバラになり、また別の木の相手を探して中にリスを住まわせて落着です。

③ 「嵐だ！」強風にあおられて家もリスも吹っ飛んでしまいます。バラバラになったところで、今まで木だった人がリスになるもよし、リスが木になるもよし、とにかく新しい3人組ができればよいのです。

　この3人組にうまくなりそびれた人（1人か2人余ることになるでしょう）が「いたずら天使」となって地震・家事・嵐のどれかを叫び、みんなが混乱している間にどこかにもぐ

りこんで新しいいたずら天使を誕生させます。

　ファシリテーターにとって"未知のグループ"でこの活動を行って観察をすると、いろいろなことが見えてきます。男女が絶対に混在しない、決まった子があぶれる、などです。その後の活動をどう展開していくかのバロメーターとしても活用できます。（MEG）

8　よろしくゲーム

　リーダーの出入りで全体の人数を奇数にし、参加者に2人組になってしゃがんでもらいます。リーダーが最初のあぶれオニとして、簡単な自己紹介をします。自己紹介の最後のキーワードは「よろしく」で、この「よろしく」を合図に、全員がそれまでのペアを解消して新しいペアを作ります。このとき、あぶれオニだった人も誰かとペアを作り、新しいオニを誕生させます。新しいオニは簡単な自己紹介の最後にキーワードの「よろしく」で、ゲームを続行します。

　仲良し4人組で交互に相手を替えるだけになりそうな場合は、あらかじめ「同じ人とは1回しかペアになれない」などの条件をつけておくとよいでしょう。（諸さん）

❾ みちづれよろしくゲーム

　みんなで輪になった状態で2人組をつくります。1人は輪の真ん中でオニになります。ファシリテーターの出入りで人数調整をしてください。

　オニになった人は「今日、朝ごはんを食べた人」「ドラえもんが好きな人」などのお題を出して、最後に「よろしく！」と言います。その「よろしく！」を合図にペアの片方の人だけでもそのお題に当てはまっていたら、そのペアは輪の中に入り、相手を換えて新しいペアをつくって輪に戻ります。このときにペアになりそびれて残った人が新しいオニになります。どちらも当てはまっていないペアは涼しい顔をして輪の中で繰り広げられるヒト取り合戦を見守りましょう。

　もし人数が多いようならペアじゃなくてトリオでもよいでしょう。相手の取り合いなどで、けっこう激しく楽しくなるので、友情関係にヒビが入らないように笑ってとりなしてあげましょう。お題によって、アイスブレイクからディ・インヒビタイザーまでいけます。お題内容の盛り上がりに欠けると思ったら、ファシリテーターが積極的にオニになり、お題のモデルとなるとよいでしょう。
（MEG）

10　魂で握手

　無言なのにみんなの心の距離が縮まっちゃうゲームです。
　まず、全員に1・2・3のいずれかの数字を心の中で選んでもらいます。次に無言で周囲の人と握手を交わし、それぞれが選んだ数だけギュッと相手の手を握ります。数が同じだったら、どちらかの後ろにもう1人の人が電車ごっこのように連結してください。手をつないでもいいですよ。数が違ったら、また違う人と握手をして同じ数の人を捜してください。それをどんどん続けていき、最終的に無言のまま、握手だけで1・2・3の3つのグループになるようにします。
　ただ、握手するだけのゲームですが、握手をすることで人のぬくもりを感じ、ぐっとみんなとの距離が縮まってるはずです。握手の力、おそるべし…。
（よっしー）

11　満員電車

チェアウェーブ, BUTT OFF, WAVE

　みんなで空席を埋め合ってオニを座らせないようにする、ちょっといじわるなんだけど、楽しいゲームです。人数は少ないとおもしろくないので、1クラスくらいがよいでしょう。
　まず、人数分のイスを用意して、輪になって内側を向いて座ってください。オニを1人決めます。オニは、1つ余っている空席に座ろうとします。反対に、イスに座っているオニ以外の人たちは、オ

ニを空席に座らせな
いように空席を埋め
合って移動して座っ
ていきます。みんな
がなめらかに移動し
ていくと、まるで波
のようになっている
はずです。オニが座れずに疲れてしまった時には、「こちらへどう
ぞ！」と優しく席を譲ってあげてくださいね。
　空席の移動は、隣の席にお尻をすっと移動する感じで行ってくだ
さい。遠くに見つけた空席に移動しようとすると、いつの間にかオ
ニになっていることは確実です。（よっしー）

12 キャッチ

GOCHA

　「キャッチ」の合図で指をキャッチするだけの道具のいらないゲー
ムです。まず、全員が輪になって内側を向きます。つぎに、左手の
ひらを上に向けて広げ、お皿を作ります。その手を左隣の人の胸前
あたりに出してください。
出された隣の人の左手の上
に今度は、右手人差し指を
立てておきます。準備はこ
こまで。
　いよいよゲーム開始で
す。左手は左隣の人の右
手人差し指をキャッチし
て、右手の人差し指は右隣
の人の左手にキャッチされ
ないように上に逃げます。

キャッチしたり、逃げたりする合図は、誰かの「キャッチ」という掛け声です。誰が言ってもいいですよ！「キャベツ」「キャロット」「キャンプ」「キャップ」等々、間違えちゃうような言葉を言って、みんなが間違えちゃうのも、自分が間違えちゃうのもおもしろいです。指が抜けちゃうほどキャッチしたり、逃げた指が顔にあたって「痛たたたぁ〜」となったりしないように気をつけてやってください。

　他にもこんなバージョンもやってみてね！
・「チェンジ」の掛け声で、左右の手を逆にする。
・キャッチする手を下に向け、逃げる指を上向きにする。
・キャッチの声の代わりに、「トマト」や「パン」など、食べられるものの時はキャッチするにする。（よっしー）

13　チクタクボン

　♪大きなのっぽの古時計〜はゼンマイ仕掛けで100年休まずに動いたそうですが、このゲームの時計はリズム感と集中力で動きます。イラストのように輪になります。基本のセリフは「チク、タク、チク、タク、ボン」。1人目の人が「チク」、2番目の人が「タク」とリズミカルに続け、5番目の人が「ボン」と言ったら、1時です。すかさず6番目の人から順に「チク」「タク」と始まり「ボン」、「ボン」と続けられたら2時とい

う具合に「ポン」の数が増えるたびに時計の針が1時間進みます。全員で協力して何時まで時報が打てるか挑戦するなど、設定によっていろいろ楽しめます。

　間違ったら抜けていく生き残りの設定にすれば、「誰だって失敗するのさ！でへへ…」のゲームになります。（かな）

14　パタパタ
CIRCLE SLAP, SLAPPING

　床を手でたたくだけの単純だけど夢中になること請け合いのアクティビティです。腹ばいで内向きの小さめの輪になり、両手を体の前に出します。まずはその状態で、片手ずつ床をたたき一周させましょう。次に、左手を左隣りの人の右手とクロスさせ、右手は右隣りの人の左手とクロスさせてください。そこから、手の並んでいる順番、つまり、自分の右手→右隣りの人の左手→左隣りの人の右手→自分の左手、の順で床をたたいて一周させましょう。追加ルールとして、同じ手を2回パタパタたたいたら反対まわりにする、げんこで1回たたいたら1人とばしにする、失敗した手は引っ込める等、お好みで難易度を上げてください。

　このゲームは、中腰や座った体勢で、両隣りの人の膝の上に手を置いて行う方法もあります。（みー）

15 パントンパンパン
CLAP TRAP

グループがちょっと緊張してるなぁ〜という時にどうぞ。

　内向きの輪になり、まずはじめの人が手を１回パンとたたき、その隣りの人は、足で床を１回トンとたたきます。パン、トンと続いたら、次の人は、手を１回、その次の人も手１回の、パン、パンと続けます。今度は、次の人が足１、その次の人も足１のトン、トンとなり、そのままパン、パン、パン、トン、トン、トンと５回ずつまで増やしていったら、今度は回数を減らしていき、手１、足１まで戻ります。順番がきたら、足を１回か、手を１回だけたたいてくださいね。

　だあれ、手と足を同時にたたいている人は？　失敗は何度でもOKなので、テンポよくお願いします。
（みー）

16 進化ジャンケン
出世ジャンケン, METAMORPHOSE

　集まったこの場には、卵がごろごろ転がっています（みなさんは卵です）。卵はまるくなってしゃがんだまま動くことができません。しかし、ほかの卵とジャンケンをして勝つとヒヨコ（中腰でよちよち歩き、「ピヨピヨ」鳴きましょう）に進化（成長？）できます。負けたらそのまま卵です。ヒヨコはほかのヒヨコを見つけてジャンケンを挑みましょう。ここで勝てば一回り大きいニワトリ（立ち上

がり、トサカ＆くちばしを手でつくり「コケコケ」鳴きましょう）に進化します。しかし負けたら卵に逆戻りです。そしてニワトリ同士でジャンケンをし、勝ったらなんと！不死鳥になって飛び立ちます（はばたいて場外へ‼）。ただし、負けたら卵からやり直しです。不死鳥はほかの卵たちが進化していく過程をあたたかく見守ってあげましょう。さて、全部の卵は不死鳥へと進化を遂げることができるのでしょうか？

　卵→ヒヨコ→ニワトリ→不死鳥、という変化の過程は形状としては美しくまとまっているのですが、この活動の楽しさには「動きのおもしろさ」という部分にもあります。たとえば「卵（動かない）→カニ（はさみをつくって横歩き）→とり（はばたく）→ゴリラ（両手で胸をうつ）→人間（直立二足歩行）」といった進化はジェスチャーがはっきりしていておすすめです。恥ずかしくなければ（チャレンジのレベルによっては）それぞれ動物の鳴き声を出す、というのもありかもしれません。また、進化の過程を参加者で決めるのもよいかと思います。（みど）

17　進化ジャンケン２人組

　スタートのスタイルは両手両足のお馬さん状態。これで歩き回って出会った人とジャンケンをし、負けたらそのままのスタイル、勝ったら相手に馬乗りです。馬乗りペア同士出会ったら騎手がジャ

ンケンし、「負けペア」はペアを解消してそれぞれ馬に。「勝ちペア」は馬だった人はおんぶの下、騎手はおんぶの上、という形に進化します。おんぶペア同士出会ったら上に乗っている者同士でジャンケンし、「負けペア」は、やはりペア解消して各自馬に戻ります。「勝ちペア」はこれであがり！

つまり、初戦で負けてしまっても上に乗っけた人が勝ち進んでくれれば一緒にあがれる運命共同体ゲームです。（みど）

18 霊界ジャンケン

混沌とした真っ暗な世界にじっと横たわる無数の地縛霊。その地縛霊同士がジャンケンという試練に勝つと浮遊霊となり土地の呪縛から解放されます（手つきはいわゆる「幽霊手」なので見てわかります）。浮遊霊同士でジャンケンをし、勝つと人間へ転生できます。しかし人間になるとジャンケンをする・しないにかかわらず浮遊霊に憑依されてしまい（浮遊霊にさわられた瞬間に憑依完了）、浮遊霊は背後霊となり人間におぶさってきま

本当にこわいから〜

す。憑依された人間はほかの人間（ジャンケンする相手は憑依されていてもいなくても可）とジャンケンするのですが、もし負けるとその人は背後霊もろともその場で地縛霊となり、またふりだしというわけです。人間は背後霊を背負いつつジャンケンをしなければならないという苦行を強いられますが、運良くジャンケンに勝てば人間は憑依から放たれ自由の身に（あがり）、背後霊も成仏でき（こちらもあがり）、めでたしめでたし。

　馬乗りジャンケンで調子が上がってきたところで、霊界ジャンケンに突入しましょう。（みど）

19　病院オニ
HOSPITAL TAG

　参加者全員がオニになる、歩く速さのオニごっこです。誰かにタッチされたらその部位を自分で手当てをし（片手でタッチされたところを押さえます）、その状態でゲームを続けます。もちろんあいている手で誰かをタッチしても構いません。2回目をタッチされたらもう片方の手で手当てしてください。両手が使えなくなったら、最後はお尻で誰かをタッチできますね。またまたタッチされたらその場でお休みです。お休みの人が多くなったところで学級閉鎖（？）でゲーム終了。

　バリエーションとしてお休みになった人はしゃがんだ状態で、助けを呼んで誰かに手のひらをタッチしてもらったら、復活することもできます。しかし、それを繰り返しているといつまでたっても学級閉鎖にはならず、ほんとうに動けな

くなってしまいますので、そんな時は自分で自分を3回タッチしてお休みするのもひとつでしょう。（Chika）

20 番号おくり
I'M ONE, TOO

ちょっと動き疲れた時、でもちょっと緊張が欲しい時などにいかがでしょうか。

適当な人数で輪になって座り、1から順番に番号をつけます。常に1番の人からスタートで、「I'm」の後に自分の番号とほかの人の番号を言います。たとえば、「I'm 1・5」と言うと、次に「5」の番号の人がすかさず、自分の番号の「5」とほかの人の番号を言います。「5・8！」次に「8」の人が「8・21！」など。これを間髪いわせず次々と続けていきます。つまってしまったり、番号を間違えてしまったら、その人は一番最後の番号の席に移り、ほかの人は空いた席に順次移動していきます。移動した場所の元からの番号が、その人の新しい番号になります。次に「I'm」ではじまる時には自分の番号が変わっている人もいれば、変わっていない人もいるということになります。

何でもないように思われる番号ですが、だんだんと自分の番号がわからなくなっていくというパニックゲームでもあります。（Chika）

21 頭星人／お尻星人
TRANSFORMER TAG

　オニのいないオニごっこの代表的なゲームです。人数が少なければ2グループ、多いときには3グループに分かれます。2グループの場合は、1つは頭を押さえて頭星人、もう1つのグループはお尻を押さえてお尻星人になります。3グループの場合には、それにおなかを押さえたおなか星人を加えます。

　グループに分かれたら、一定のエリアの中で、全員で歩く速さのオニごっこをします。ポイントは、相手グループにタッチされたら、押さえている場所を変えて、相手側に寝返ってしまうことです。したがってグループの目標は、相手チームを自分のチームに取り込み、自分たちの勢力を拡大することです。全員が同じ星人になって同じ格好をしていることに気がついたら、ゲームは終了です。

　その後また各星人に分かれ、作戦タイムをとって、どうしたらほかの星人を自分たちの一員にできるか、みんなで相談してみるのもいいかもしれません。

　3グループに分かれる場合、アルファ星人（頭を押さえる）、ベータ星人（右手は顔の高さで手のひらを前に、左手はおなかを押さえる）、ガンマ星人（右手はベータ星人と同様、左手は右手の肘を押さえる）という具合にグルーピングすれば、宇宙人オニごっこになります（高久啓吾『楽しみながら信頼関係を築くゲーム集』〈学事出版〉50ページ参照）。（バード）

22 インパルス
IMPULSE

　全員で輪になり手をつなぎます。最初の人を決めて、その人は左手をギュッと1回握ります。左隣の人は右手をギュッと握られたら、すぐに左手をギュッと握り、「ギュッ信号」を順番に送っていきます。一回りしましたね。もっと速く回せますか？　じゃあ、ストップウォッチで測ってみましょう。という、単純きわまりないものなのですが、単純なものほど奥が深いのです。やり方次第で、気づきの宝庫となります。

　「よーい、ドン」を言うか、言わないかで、自ら挑むことの意味を。やみくもに記録を極限まで縮めていくか、目標タイムを決めるかで、ゴール設定の意味を。目を閉じてみて、視覚の持つ意味を。慣れてきたところで逆まわりにして、熟練の意味を。左右同時に回して混乱のおもしろさを。座ってやってみて感覚の違いを…。

　ディ・インヒビタイザー的なバリエーションとして、ファシリテーターが中央に出て、輪の全員が目を閉じるものを。ファシリテーターがどこか握っている1カ所にそっとタッチして、そこから左右に「ギュッ信号」を送り、2つの信号が同時にぶつかった人が、全員からのエネルギーをもらって「ワーオ」と叫びます。叫んだ人がファシリテーターと交代して続けます。左右どちらが速く回ったかすぐにわかるので、いつも速い側にいる人を讃えることも可。（Chair）

23 ジェスチャーリレー

　用意されたお題を、ジェスチャーで次々とリレーしていく、というゲームです。5〜7人ずつのグループに分けます。真ん中にリーダーが立ち、そこを中心として輪ができるような形で、各グループは位置します。

　リーダーが用意するものは、お題の書かれたリスト。大きく3つくらいのテーマを用意し、それぞれについて具体的な名前を書いておきます。たとえば、「動物」「スポーツ」「家電製品」だと、「動物」ではライオン、猫、犬など、「スポーツ」ではバレーボール、サッカー、水泳など、「家電製品」ではテレビ、アイロン、洗濯機などです。1枚の紙に書いておいても、また1枚に1つずつ書いたカードにしてもよいでしょう。

　まず、①各グループ内で順番を決めます。②「用意、スタート！」の合図で、各グループ1番の人がリーダーのところへいき、それぞれ別のお題をもらいます。③お題をもらったらグループへ戻り、そのお題をジェスチャーで伝えます（声を使ってはいけません）。ほかのメンバーはそのジェスチャーからお題を当てます。④当たったら、今度は2番の人がお題をもらいにいき、それが当たったら次は3番、というようにメンバーの全員が終わるまで続けていきます。

　お題をもらうのが1人1回ずつだと、あっという間に終わってしまうので、2回ずつくらいにしておくと、十分楽しめると思います。1人1回ずつであれば、用意しておくお題の数は、全部で「全員の人数×1.5」くらい。中には「この"お題"じゃできないよー」というのも出てくるので、ほかのお題にかえてあげるためにも多めに用意しておくのがよいかと思います。1人2回ずつだと、「全員の数×2.5〜3」くらいでよいでしょう。ただし、あまり数多く用意しようとすると、よく知られていないものも出さざるを得なく

なり、それもやはり「わからないよ〜」となるので、考えなくてはなりません。

テーマは対象年齢に合わせて決めてください。

チーム対抗形式になりますが、あまり勝敗にこだわって結局負けたチームがつまらなく終わってしまった、というのも寂しいので、「みんなで楽しむためにやるんだ」ということを確認した上で行うとよいでしょう。（高Q）

24 ジャンケン場所替え
ジャンケンバスケット

『フルーツバスケット』のジャンケン版です。みんなで輪になって立ちます。このとき、スポットマーカーなどの目印を用意して、その上に立ちます。

オニが1人、輪の真ん中に立ちます。オニとみんなでジャンケンをします。オニの人は、みんなからよく見えるように、腕をまっすぐ上に伸ばしてジャンケンをします。オニに負けた人とあいこの人は、場所を移動しなくてはなりません。

場所がとれずに残ってしまった最後の1人が、次のオニになります。

　輪の真ん中にフラフープを1つおいて、場所を移動する前に必ずフラフープの中に一歩足を入れてから、というルールにすると、より動きが出てきておもしろくなります。「負けた人とあいこの人」としたのは、動く人数を多めにするためです。とてもシンプルだけれども、動きがあり、気軽にできて、かつ年齢を問わずに楽しめます。またオニなった人も恥ずかしさを感じることなくできるでしょう。(高Q)

25　ジャンケンチャンピオン

　みんなで輪になって立ちます。このとき、スポットマーカーなどの目印を人数分用意して、その上に立ちます。全部で3回戦あります。

〈第1回戦〉

　「これから、今みんなでつくっている輪の中を自由に歩き回りながら、いろいろな人に出会ってください。出会ってすることは、①お互いに名前の自己紹介をする（握手を入れてもよい）、②ジャンケンをする、これだけです。ジャンケンをしたら、その人とは別れて、ほかの人に出会います。そして、同じように名前を伝え合い、ジャンケンをします。③それを繰り返して、全部で3回勝てたら（連続でなくて可）、あがりです。一番最初にあがった人から、ここ（あらかじめ並び始めの場所を指定）に立ちます。2番目からは、1番目の人の隣に順番に並んでいきます。では、どうぞ。」

　最後に1人残ります。その人にはみんなに名前を伝えてもらいましょう。罰ゲームではなく、「みんなに一度に名前を覚えてもらえてラッキーだね」と、あくまでも前向きに。

〈第2回戦〉

基本ルールは、第1回戦と同じです（①名前を伝え合う、②ジャンケンをする、③3回勝ったらあがりまでは同じ）。ただし、人数より1枚スポットマーカーを減らしておきます。1回戦と違うのは、途中でリーダーが笛を吹くことです。その合図で、3回勝っていなくても、どこでも空いている場所に入ります。スポットマーカーが1枚少ないので、イス取りゲームのような感じになります。最後に残ってしまった人に、みんなに名前を伝えてもらいます。

〈第3回戦〉

基本ルールは第1,2回戦と同じです。今度は、笛の代わりに「もの」を投げ入れます。「もの」はタオルやぬいぐるみなど、万一人に当たっても痛くないものにしてください。その「もの」が投げ入れられたら、3回勝っていなくても、空いている場所に入ります。残った人にみんなに名前を伝えてもらうのは同じです。「もの」は音が出ないため気づかれにくい、というのがミソです。

アイスブレイクでは、安心感を育むことが目的です。残った人が嫌な思い、恥ずかしい思いをするようだと、逆効果になってしまいます。また、立つ場所を指定していくことで、最初の並び順をくずすことができます（たとえば、仲良し同士固まっている時など）。このゲームは、①誰もが知っていて気軽にできるジャンケンを使う、②全員が一緒に動く、③バリエーションの楽しさによって、ほぐしを無理なく進められる、という利点があります。（高Q）

26 チーム対抗変装ゲーム
LAST DETAILS

2チームに分かれて、それぞれ一列に並び、お互いに向かい合います。

先に変装を当てるチームは、もう一方のチームをじっくり観察します。制限時間（30秒～1分）後、変装を当てるチームが後ろを向いている間に、当てられる側のチームは、くつ下を片方脱いだり、上着やベルトを交換したり、髪の結び方を変えるなど、全部で5カ所の最初と違った状態をつくります。準備ができたら、変装を当てるチームは、その5カ所を見つけだします。2回目は、役割を交代して行いましょう。

学校のクラスなどでは、班対抗形式にしてもよいでしょう。（高Q）

27 しりとりバレー

ビーチボールをしりとりしながらトスし続けるゲームです。トスする人は、前の人の単語からしりとりになる言葉を発しなければ、トスできません。ボールが床に落ちてもリセットですが、しりとりできずにボールをトスしてしまっても、ゲームは最初からやり直しです。

単純に『月面ボール（p.105）』のしりとり版というわけではなく、イニシアティブ系のゲームが、しりとりを言えずにあたふたす

る姿を見せてしまうディ・インヒビタイザー系になったものといえるでしょう。

　しりとりを続けられる人がボールをトスすることができるようにするか、決められた順番どおりにしりとりトスをし続けるのか、いろいろにやってみてください。（たけちゃん）

28 シークレットエージェント
天使と神様

　心の中で決めた２人の間に入ったり、等距離になったり、直線をつくったりするゲームです。

　全員がそれぞれ、心の中でグループの中から２人を選びます。まずは、選んだ２人と必ず等距離を保つようにします。しばらくすると、全体の動きが止むので（いつまでも止まらない場合はリーダーが適当なところで中止し）、今度は選んだ２人と自分とが直線を保つ位置に移動するように指示します。これはしばらくしても止まらない場合が多いので、リーダーが適当なところでストップをかけます。最後は、選んだ２人の間に入るように指示します。やってみるとわかります

が、最後の段階で100％、歓声があがります。やってみるとわかります！

距離の取り方や、移動のスピードによって、ゆっくり動くことができたり、走り続けなければいけなかったりで、全員がバラバラにいろいろな動きを見せるでしょう。心に決めた人が同じ人であることがわかったり、お互いに心に決めあっている人同士であることがわかったり、いろいろな発見がありますよ。（たけちゃん）

29 ストップアンドゴー
STOP AND GO

頭を使うゲームの前のウォームアップに、昼食後の眠りを誘う時間帯の目覚ましにも使えるゲームです。

みんなで輪になり、中心にリーダーが入ります。リーダーの号令に合わせて動きましょう。基本的なものは、「ウォーク」で歩く、「ジョグ」で小走り、「ターン」で180°方向転換、「スピン」で360°回転、そして「ストップ」で静止します。「ストップ」がかかった時に静止できなかった人は次々に抜けていく生き残りゲームのパターンか、静止できなかった人が次のリーダーになるエンドレスパターンです。

昼食後の運動だからといって、「ターン」や「スピン」を連発して気分が悪くなったりしないよう、適度なウォームアップになるように進めましょう。（とみー）

30 スキヤキゲーム

　カードに書かれたスキヤキの材料を集めるという古典的なカード収集型ゲームです。リーダーは、スキヤキの材料を書いたカードをグループ数より若干多めに準備します。「牛肉」「しらたき」「ねぎ」「焼き豆腐」「スキヤキのたれ」そして「スキヤキ鍋」のカードなども作りましょう。もちろん、「スキヤキには玉子だ！」という方は玉子のカードもお作りいただいて構わないのです。

　まずは、参加者を5人くらいのグループに分け、グループの中でお父さん、お母さん、お兄ちゃん、お姉ちゃん、タマなど、役割分担を決めます。リーダーは、「お姉ちゃん！」というように誰かを指名し、各組のお姉ちゃん全員とジャンケンをします。勝った人は材料カードを引きます。すべての材料が早くそろったグループからあがりです。特定のグループばかりが勝ち続ける場合には、負けた人やあいこの人を指名するなど、リーダーによる意図的操作もアリでしょう。

　また、突如として「ブツブツ交換タ〜イム！」と叫び、ねぎを2つ持っているグループと肉を2つ持っているグループがブツブツ交換の交渉をしてみるのも盛り上がります。スキヤキ以外にも、天丼ゲームなどのバリエーションも考えてみましょう。

　私は、キャンプの時にこの方法で実際にカレーを作りましたが、ジャガイモのないカレー、タマネギだらけのカレー、肉大盛りのカレーな

ど、バリエーションに富んだカレーができあがり、楽しいひととき
となりました。(とみー)

31 聖徳太子

　私は面と向かっている相手の話もまともに聞けませんが、一度に
7人の話を聞き分けたという聖徳太子に由来するゲームです。
　グループを2つに分け、リーダーが決めたお題にちなんだ、それ
ぞれで1人一語のグループのことばを考えます。リーダーのお
題が「地名」でグループが5人なら、「お・しゃ・ま・ん・べ」や
「フィ・ン・ラ・ン・ド」や「い・ず・こー・げ・ん」などです。
これを1人一語ずつ、グループのAさんは「お」Bさんは「しゃ」
というふうに役割を決めて、せーので同時に叫びます。対抗チーム
の人は相手グループが何と言ったのかを聞き分けます。1回目でわ
からなければ作戦を立ててもう一度、それでもわからなければ、も
う一度というようにして、何回でわかったかを競います。
　テーマを決めずに、「それは人名ですか」「ハイ」、「歴史上の人物
ですか」「イイエ」というように、10のトビラ形式でやってもよ
いでしょう。テーマを決め
て実施する場合は、その時
の状況に合わせて、これか
らキャンプがはじまる時の
ゲームだったら、「キャン
プの目標」というテーマに
して、「ちょう・せん・
す・る」「よ・く・あ・そ・
ぶ」などもよいでしょう。
(諸さん)

32 冷凍解凍オニ
TEAM TAG TAG

2チームに分かれて行うチーム対抗の変形オニごっこです。

まず、各チームのアイテムを1つ決めます。ラバーチキンやカエルなど、そのアイテムを使って相手チームのメンバーにタッチすると、タッチされた人は凍結して動けなくなりますが、味方の股くぐりで解凍し、再生します。アイテムは、凍結していない味方同士なら自由にパスすることができます。

解凍中に味方の股くぐりをしている前で敵が待ちかまえるといったシーンが見られた場合には、「再生後、大きな声で3つ数え終わるまではタッチできない」など、ルールの小変更を行います。
(とみー)

33 持病オニ
JUST LIKE ME TAG

ゲームはゲームを呼びます。ひとつのゲームが原型となって、いろいろなバリエーションが生まれ、ゲームが増えていきます。とくに『頭星人／お尻星人(p.19)』には親戚縁者が多く、このゲームもその1人です。

各自1つの、病気やケガを思い浮かべ、その患部を片手で押さえます。腹痛の人はおなかを押さえ、捻挫した人は足首を押さえ、鼻血の止まらない人は鼻を押さえ、毒を飲んでしまった人は首を押さえるという具合です。わかりやすい場所をしっかりと押さえると

ころがポイントです。その状態で、全員で歩く速さのオニごっこをします。タッチされると相手の疾患に感染することになり、その患部を押さえなければなりませんが、不思議なことに、今までの患部は治癒してしまいます。

　狭いエリアで大人数でやっていると、激しく患部が移り変わり、自分が何の病気なのか、だんだんわからなくなってきます。最終的にみんなが同じ病気になったところでゲームは終了です。たいてい最後は心の病気で終わるという伝説がありますが、ここでも教育的な配慮をお忘れなく。(バード)

34　手足ウェーブ

　イスに座っての、車座の開会式などにバッチグーなゲーム。
　まず、普通に両手を上げてのウェーブを回します。時計回りでも反時計回りでも OK ですが、立ち上がる必要はありません。両手ウェーブの要領がわかったら、次に脚を上げての両足ウェーブを回します。両手ウェーブとは逆の方向に回しましょう。
　では、両手ウェーブを時計回りに、両足ウェーブを反時計回りに回してみましょう。

「はい、OKです。すばらしい。斉藤さんのところが手足が交差して大変でしたが、うまいことできましたね。普通は1回ではできないんですよ。さすが、○○のみなさん。では、ワークショップの開会式をはじめたいと思います」

「は～い、めちゃくちゃになってしまいましたね。斉藤さんのあたりが大変ですよね、手足が両方から来ちゃって。今まで最初からできたところはないんですよ。これがワークショップが終わるころには、完璧にできるから不思議ですよね。では、開会式をはじめたいと思います」（諸さん）

35　グループジェスチャー

ジェスチャーは古典的なゲームですが、いつでもどこでも準備不要で、やり方次第でいかようにもなる奥の深いゲームです。

『ジェスチャーリレー（p.21）』は個人の演技力にかかっていますが、グループジェスチャーはその名のとおり、集団で即興的に演じるおもしろさがあります。一人だと恥ずかしさが邪魔をして積極的になれない場合がありますが、グループジェスチャーでは照れているヒマがありません。

数人ずつ（きっちり同数でなくてもOK）のグループに分けて、イラストのように各グループの代表がリーダーに背を向けてセットアップ完了。リーダーが出題者になり、あらかじめ用意しておいたフリップを示すか、ホワイトボードに書き出すなどして、ジェスチャーのお題

を全体に同時に発表します。お題は、「満員電車」「干支」「動物園」「スーパーマーケット」「水族館」「オリンピック」など、集団で演じるものを用意しておきます。

　出題されたら、それぞれのグループは自分たちの代表に向けて、そのお題をジェスチャーで演じます。自分たちの代表に声を出すことはもちろん、チーム内で相談することも禁止です。

　「プール」は簡単ですが、ひとひねりして「温水プール」にすると、チーム内にも混乱が生じておもしろいアクションがでてきます。対象に合わせたお題のセンスが問われるゲームです。（諸さん）

36　アドジャン

　グーがゼロ、人差し指が1、チョキが2…パーが5の6種類の数字を、みんなで「せ～の！」で出して、全員がそろえばOKのゲームです。ただし、それぞれの人は連続して同じ数字を出してはいけません。作戦をたてれば簡単ですが、無言のアイコンタクトだけではかなりハラハラするゲームです。自分だけ仲間はずれの数字を出してしまうと思わず「ごめん！」と言ってしまいます。

　「ごめん！」「申し訳ない！」「許して！」と連発されますが、明日はわが身でお互い様なので、全体的に「あなたもOK、私もOK」の楽しいゲームです。（諸さん）

37 指と指

　リーダーの出入りで、全体を奇数にします。まず、2人組になり、相手の人差し指と自分の人差し指をくっつけます。このとき必ず「ETだ」という声があがるので、軽く無視します（冗談）。あぶれているオニ（最初はリーダー）が「ヒジとヒザ」など、体の部位と部位を宣告し、そのほかの人はペアを組み替えて指定されたヒジとヒザがくっつく新しいペアをつくります。このときあぶれていたオニは誰かとペアになり、新しくあぶれるオニが出るようにします。あぶれたオニは簡単な自己紹介をしてから、「背中と頭」など、次のペアの接点を宣告してゲームを続けます。

　ゲーム終了は、頃合いをみてリーダーがもう一度あぶれてオニになり、「クチビルとクチビル」と言えば、「え〜っ」と言われて終わります。
（諸さん）

　　　　　　　　　ヒザとオデコ

II 知り合うゲーム

お互いの名前や人柄など、会話の糸口になることを知り合うゲーム

　出会いの緊張がほぐれたら、お互いの名前や人となりをゲームを通じて共有しましょう。単に名前を覚えることも重要ですが、名前が呼ばれることもグループがまとまっていく過程には大切なことです。それぞれの固有名詞の名前を呼んだり呼ばれたりすることを繰り返していくうちに、それぞれの個人としての集団への帰属意識が高まるからです。名刺交換のような形式的な自己紹介だけでは、有機的に機能するグループにはなかなかまとまりません。

　名前は呼ばれたい名前でOKですし、自己紹介のときに言いたくないことを告白する必要はありません。このように、目標設定や個人的な参加の度合いを自らが決定することを、チャレンジ・バイ・チョイスといいます。チャレンジ・バイ・チョイスで自らが決定したことは、結果の如何にかかわらず貴重な学びの体験となりますが、外から強制されての行動は、結果がよくても単なる経験の域を出ないことになりがちです。

　知り合うゲームの最中も、全員が楽しく参加できることが基本です。

38 名前ゲーム
TOSS A NAME GAME

　初めて出会った参加者やリーダーが、お互いの名前を覚えるのに有効なゲームです。人数は20人くらいまでが適当です。それ以上の場合には小グループに分けましょう。フニャボールやラバーリングなど、万一ぶつかっても痛くないボール類を数個用意します。

　お互いの名前を呼びながら、「○○さん、（私は）△△です」と、声をかけながら、相手が取れるようにボールをパスします。受け取ったら、「△△さん、ありがとう。（私は）○○です」と、お互いの名前を確認しあいながら、次々と別の人にパスしていきます。全員がルールを理解した頃合いを見計らって、ボールの数や種類を次々に増やしてみましょう。そこら中で名前が嵐のように飛び交います。本名でもニックネームでも構いませんが、ニックネームの場合は、各人に「○○と呼んでください」と呼ばれたい名前を宣言してもらうとよいでしょう。このゲームは、名前覚えの決定版で、1クラスの名前を覚えるのに1時間もかかりません。新しい集団に入って、すぐにみんなに名前を覚えてもらえるのは誰でも嬉しいものです。（とみー）

39 別名ゲーム
ANOTHER NAME GAME
BUMPTY BUMP BUMP

　隣の人の名前を即答する、ドキドキ名前ゲーム。知り合った直後

の名前を覚える段階でも、旧知の仲でも楽しめます。

　中心を向いて輪になり、中にオニが入ります。オニは輪の誰かを指して、「右！」または「左！」といい、即座に「だるまさんがころんだ！」といいます。指された人は、オニが「だるまさんがころんだ！」といい終わるより早く、自分の「右」もしくは「左」の人の名前を言わなければなりません。言えなければ、オニと交代します。「だるまさんがころんだ！」は、カウントの意味ですので、「1, 2, 3, 4, 5, 6, 7, 8, 9, 10！」と数えても、自分の出身小学校をいうことにしても、言葉は何でもいいのです。オニは、「だるまさんがころんだ！」を素早く言い、指された人があわててアワワワ状態になるのが、このゲームのおもしろいところです。

　慣れてきたら、「右」「左」のほかに、「私」「あなた」を加えてみましょう。「私」といわれたらオニの名前を、「あなた」といわれたら自分の名前をいいます。指された人は一層混乱して、さらにおもしろくなります。（サチ）

40　ピンボール
FILL ME IN

　グループの全員が、ある程度名前を覚えた段階でやると心地よいゲームです。また、うろ覚えの段階でやるとスリルがあって盛り上がります。全員で輪をつくり、1人が誰かの名前を呼んで、その人のほうに歩き始めます。呼ばれた人は呼んでくれた人のために自分の場所を空けてあげなくてはいけません。そして同じように誰かの名前を呼んで歩き始めます。それをテンポよく繰り返して動き回る

ゲームです。

　歩いている人が止まらないで、テンポよく名前を呼ぶことが大切になりますが、アワワワして失敗しても別に構いません。名前がわからなかったら聞けばいいし、罰ゲームもありません。（KAI）

41　シルバーシート
FILL ME IN 座席編

　『ピンボール』の逆バージョン。人数より1つ少ないイスを用意し、全員で輪をつくります。イスがない場合は、何か目印になるようなものの上に立っても構いません。輪の中央にあぶれた人（1人）が立ちます。グループのメンバーはその人を自分の席に座らせるために名前を呼んであげます。席をゆずった人をまた別の人が呼び…とサクサク移動していくゲームです。

　輪の中央にフラフープを置き、これをアリ地獄にみたてて、席を譲った人がそれに吸い込まれないうちに呼び戻すようにすると、全員にプレッシャーがかかってより緊張感が高まります。

　ピンボールは名前を呼ばれるとけっこうアワワワしてどぎまぎしてしまいますが、このゲームは名前を呼ばれるととても大事にされ

ている感じがして、心地よいうれしい気持ちになります。また、名前を呼ばないとまったくゲームに参加できないという、チャレンジングな部分もあります。（KAI）

42 ご対面
PEEK A WHO

名前がうろ覚えの段階で行うとおもしろい名前覚えゲーム。でも、1年たったクラスでやっても十分楽しめる瞬間パニックゲームです。グループを2つに分け、その間をカーテンなどの布で仕切ります。そのカーテンの前に各チームから1名ずつ出て、向かい合うように座ります。「いっせーの」でカーテンを下ろし、先に目の前にいる人の名前をコールした人の勝ちです。負けた人は相手チームへ移動します。

人間あわてると、何も言えなくなってしまうということを、楽しく体験的に学びます。（KAI）

43 後ろの正面だあれ
PEEK A WHO II

『ご対面』は、カーテン越しの2人しか参加できないというところが難点です。そこで、グループ全員が参加できるようにしたのがこのゲーム。カーテンで仕切るところまでは一緒ですが、各チームの代表は背中合わせになるように座ります。「いっせーの」でカー

テンを下ろしますが、今度はチームのメンバーが相手チームの代表が誰であるかを味方の代表に言葉で伝えます。そのときに、直接相手の名前を言ってはいけません。特徴的なことだけを伝えます。
先に相手の名前をコールしたほうが勝ちです。

　さらに、言葉もなしにして、ジェスチャーだけで代表に伝えるルールにすると、ますますおもしろくなります。（KAI）

44　理系・文系・体育系

　初対面なのに、何となくこの人は「自分と同じにおいがする」ということはないですか。または「この人は、あっち側だ」というふうに、人それぞれが放つ、ある種の気配。この、理屈では説明しにくい気配を察知して、無言で仲間づくりをするのがこのゲームの目的です。

　そんなことがあり得るのか、と思う方もあろうかと思いますが、私も半信半疑でこのゲームをやってみたところ、意外や意外、見事に分かれたのでした。ただし、私服の成人が対象の場合でした。制服の中高生では難しいでしょう。

　ある心理学関係のグループにこれを実施したところ、その後のふり返りで

はかなり白熱した議論になりました。ただのおもしろゲームなのに、理屈をつけるのも大人げない気がします。

「理系・文系・体育系」の次は、「主役・脇役・よごれ役」、さらに「前向き、横向き、後ろ向き」とたたみかけるのが、盛り上げのポイントです。理屈はいいから。（諸さん）

45　仲間さがし
CATEGORIES

幼児から大人までどんな対象でもできて、しかも大人数の方がおもしろいという、お手軽便利な相互理解のゲームです。リーダーは、「血液型」など外見ではわからないテーマをいい、メンバーは「Ａ型の人いませんかー？」と言いながら自分と同じ仲間を見つけて集まります。テーマは「好きな動物」「きょうだいの人数」「好きなタレント」「好きなラーメン」「好きなお茶請け」など、年齢や対象に合わせて選びますが、活動に慣れてきたら、ノンバーバルにしてもおもしろくなります。

グループが出会って間もないころの、お互い何を話してよいやらわからないような時も、ちょっとした共通点が見つかると、不思議と緊張が解けて和やかになるものです。集まった仲間同士が自己紹介を兼ねて、名前とそれを選んだ訳など簡単にシェアすれば、もう次の休憩時間の話題に困ることはありませんよネ。（かな）

46 見えない共通点
COMMONALTIES

グループ内で共通点を見つけながら、お互いを理解するためのゲームです。

数人でグループをつくります（2～5人くらいが適当）。グループごとに紙と鉛筆を配ります。あとはその紙にグループ内の共通点を列挙します。もちろんゲーム名通り、外見ではわからない共通点です。例えば「虫歯がない」「飛行機に乗ったことがない」「トイレットペーパーをきっちり折って使う」などです。

制限時間はあまり長すぎると、盛り上がっているグループと時間をもてあますグループがでてきてしまいますので、ちょっと短めの3分程度の設定がいいでしょう。

一通り書き終わったところでみんなに発表します。他のグループはそれを聞いて、「へぇ～、そうなんだ」と感心してください。さあ、このゲームでまわりがどんな人か少しわかってきましたね。（たけ）

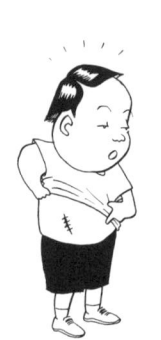

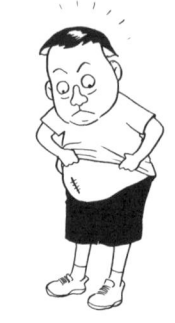

47 No.1 よりオンリーワン
(旧全日空ゲーム)

「みなさまの中でハンバーガーを3個お召し上がりになられるお客様はいらっしゃいますか」のお尋ねに「は、はいっ!!」が、1名だけになる質問を考えましょう、というゲームです。

もちろん、下品な質問や該当しても表明したくないことが予想されるような質問はもってのほかです。仲良く・楽しく・品良く、お題を出しましょう。

まず、イスを前向き（飛行機の機内や新幹線の車内）のように並べて、参加者にそ知らぬ顔で座ってもらうところからスタートです。お題を思いついた人が前に出て、スチュワーデスやパーサーや機長や車掌になって質問をします。該当する人が立ち上がり、ただ1人だったときに喝采を浴びて終了。次の質問者と交代します。

バリエーションはあなたの思いつくままにどうぞ！ ただしくれぐれも格調高くお願いしますよ。（nino3）

48 したことある人
HAVE YOU EVER…?

みんなで輪になります。立ってでも、座ってでもできますが、立っているほうが動きやすいでしょう。誰でもいいですから、お題を言って、該当する人は、自分の場所を離れ、同じく動いた人の空いたところへ移動します。

「朝食を食べてきた人」「海より山が好きな人」「ズボンをはくとき、右足からはく人」「小さいとき、ウルトラマンは本当にいると思った人」など、ブラックな話題以外なら何でも

OKです。何なら、「くつ下をはいている人」なんぞ出して、全員動かすのもいいでしょう。『何でもバスケット』のオニがいない版といった感じですが、このゲームのいいところは、オニがいないので、そのプレッシャーもないし、席も必ず確保できるので、誰もが楽しめるところです。

移動の際には、「隣以外で」と限定してもいいです。隣しか空いていない時、気転をきかせた人が動いてくれて、無事隣以外に移動できた、なんてことが起こると、グループとしてはうれしい行動ですね。（しっしー）

49 境界線

HAVE YOU EVER…? YES/NO ROPE

『したことある人』では輪になりましたが、今回はグループの真ん中にロープを置き、片側半分を「YES」、もう片方を「NO」と見立てます。質問は同じですが、該当するなら「YES」へ、そうでなければ「NO」へ移動します。メンバーが、はっきり分かれてわかりやすいので、よりお互いを知ることができます。

移動した先で、「おお、おまえもか！」なんて、迎えられたら、仲間意識が芽生えて、他人との境界線をもあっという間に越えてしまいますね。（しっしー）

50 ジャンケンコール

①参加者を２つのグループに分けます。②ロープを１本のばしておき、その両側にお互いに向かい合って立ちます（体育館ならロープの代わりにラインを１本使うことも、もちろんOKです）。③向かい合ったままみんなで号令をかけてジャンケンをします。「ジャンケン、ポン！」 ④自分の向かい、あるいはその両隣２〜３人ずつを含め、自分とあいこになる人を捜し、すかさずその人の名前をいう！ ⑤先に名前をいわれてしまった人は、ロープを越えて相手のチームに移らなくてはなりません。⑥これを続け、どちらかのチームに誰もいなくなってしまったら終わり。最後は全員が勝ち組になって終わる、というゲームです。

最初は同じ人数でスタートしますが、すぐに人数に不均衡が生じます。勝っているチームは、相手１人に対して複数でジャンケンに臨むことができるのです。
（高Ｑ）

51 ラインアップ
LINE-UP

「いきなりですが"誕生日"順に並んでみましょう。年（ねん）はいりません。１月から始まって12月まで並んでみましょう」（学校だったら４月始まりの３月終わりでもいいでしょう）。並び終えたら（並ぶ形は輪がいいでしょう）１人ずつ誕生日を言ってもらい

ながら成果を確認します。うまく並べていたらみんなで拍手。お互いについてちょっと知ることもできましたね。

　ほかにはどんなお題が考えられるでしょうか？

　・名前のアイウエオ順（名字でも下の名前でも）
　・好きな食べ物の名前のアイウエオ順
　・出身地（北から南、東から西）
　・会社なら就業年数、教員なら教職経験年数

　初めて出会った者同士で行う場合には、お互いに話したり知り合うよいきっかけとすることができるでしょう。名前を覚える活動のあとに「名前順に」と行えば、再確認する手段にもなるでしょう。

　「言葉を使わない」でやってみると、チャレンジのレベルを高くすることができます。また、コミュニケーションをとる上で言葉が果たしている役割に意識を向けることもできるでしょう。

　さらには「目をつぶって」（言葉はありで）並ぶというやり方もできます。これはチャレンジレベルがかなり高くなるので、ご注意を。目をつぶって、手探りで探し当てることになるので、体が触れ合うことも出てきます。"バンパー"をつけてやりましょう。男女で触れ合うことに抵抗があったり恥ずかしさが強い世代（思春期など）とやるときには、特に注意が必要です（心の安全、という面で）。

　『ラインアップ』すべてについていえることですが、お題としてプライベートにかかわること、たとえば「年齢」「体重」などは避けましょう。

（高Q）

52 ボクも、私も
ME TOO

全体の様子がわかる程度の人数で輪になって座ります。

最初はリーダーが自分で選んだ2人にフニャボールをパスします。残りの人はボールをパスされた2人を観察して、その2人と共通するポイントが自分にあると思ったら、「ハイ」といって立ち上がります。リーダーは、リーダーが意図した共通点がその人にあれば「イエス」、なければ「ノー」とだけいいます。最初は「メガネをかけている」程度の簡単な例題でスタートし、ゲームの要領がわかったら、誰でも出題者になってフニャボールをパスするようにします。

各回のゲームの終了は、ある程度煮つまったところで正解を発表するようにして、あんまり沈黙の時間帯をつくらないようにします。

（諸さん）

53 ネームストレッチ
NAME STRETCH

ウォーミングアップには『ネームストレッチ』。特にグループが集まった初めのころに行うと名前を早く覚えられます。努力なしに覚えられること間違いなし!?　人数は多くても十数名程度。あまり多いと、ウォーミングアップの域を超えて、ヘトヘトになってしまいます。

まず全員で輪になり、時計回り（逆もOK）に、自分の名前を言

いながら、名前を表現するようなポーズを披露します。その後、他の人全員で同じポーズをしながら、ストレッチを行った人の名前をリピートします。

　身体を使って表現された名前は、鮮明に覚えるから不思議です。ウィットのあるポーズで表現された人の名前は、本人の顔は思い出せなくても、いつまでも忘れることがありません。
（ミルキー）

> ヒジカタ でーす

54　スピンネーム
SPINAME

　体育館のフロアーなどで皿を回転させながら名前を呼ぶ、名前覚えゲームです。名前がうろ覚えの時や、昼食後にゲームを再開するときなどに有効です。

　グループ（10〜30人）に皿状のものを3〜5枚用意します。皿を手にしている人は、フロアーに皿を立てて、回転させながら誰かの名前を呼びます。呼ばれた人は、皿の回転が止まる前に皿を回転させて、別の誰かの名前を呼びます。間断なく繰り返して、どの皿も回転し続けさせるゲームです。

　金属製の皿だと、回転が弱まると「カラーン、カラーン、カラン、カラン、カラ、カラ、クウァーン」と音がするので、

> ポンちゃん

づかい」などをふり返りの題材にして、「知り合う」段階でもチームワークについての気づきを促すことができます。

　Tほうきを使う場合は、根元の蝶ねじをきつく締めて、柄がフニャフニャしないようにしてから始めてください。（たけちゃん）

56　磁気嵐
TOUCH NAME GAME

　まだ名前がうろ覚えのネームゲーム直後のころに、楽しみながら名前を呼び合い、お互いの名前を再確認するためのゲームです。

　みんなで車座になり、中央にはフニャ剣をもった仮のオニが立って、セットアップ完了。まず、周囲の人が参加している誰かの名前を呼び、オニがフニャ剣で呼ばれた人をタッチする前に、呼ばれた人は別の誰かを呼びます。別の人の名前を呼ぶ前にオニのフニャ剣にタッチされたら、オニと交替です。

　フニャ剣で触れるのは、投げ出している脚の部分だけです。（諸さん）

57　ネーム歯車
CONCENTRIC CIRCLE

　名前ゲームで覚えたと思っても、うろ覚えの名前があるはずです。そういうときはこんなゲームで、確実に記憶に刻んでいくこともできます。

参加者をいくつかのグループに分けます。人数の大小があっても構いません。血液型で分けてみたりすると適当な4つのグループに分かれるでしょう。各グループは、内側を向いた輪になり、手をつなぎます。グループは歯車がみ合うようにほかのグループと接し、リーダーの合図でグルグルと回ります。リーダーが「ストップ」のかけ声をかけたところで接点にいる人は振り返り、お互いの名前を呼び合います。

　接点にいる相手をグループのメンバー全員で呼ぶ方法、すべてのグループを同時に回す方法など、バリエーション展開してみましょう。（とみー）

58　財布の中身
WALLETS

　1対1で自己紹介をして、お互いを知り合うゲームです。ただし、表向きの当たり障りのないことを話すだけでなく、財布の中身を開示することによって自分を表現するという、大胆な、大人の自己紹介です。

　具体的には、1対1で向かい合い、財布の中身をテーブルまたは床の上に並べてみて、各種のカードや領収書、もらった名刺、ラーメン屋のサービス券などが雄弁に語るのに任せて、自分自身のことを相手に伝えます。単にカードやサービス券の説明ではなく、あくまでもそれをとおして自分自身を紹介するということを忘れないよ

うにしましょう。1人が紹介を終えたら、もう1人が自己紹介をします。ただ、それだけのゲームです。

だからって、今からあわてて財布の中身を確かめてみる必要はありません。実際に行う場合には、まずこのゲームのねらいを説明し、見せる中身は本人に任せることを確認してから始めます。

個々のアイテムから浮かび上がる自画像は、自分自身にとっても発見となるかもしれません。(バード)

59　私の秘密

1対1の自己紹介ゲームです。

2人組になります。1人がジェスチャーで、自分の小さいころの恥ずかしい体験を表現します。相手がある程度理解したところで、交代します。ここでは相手の表現したかったことを互いに確認し合うことはしません。

1対1の自己紹介が終わったところで、全体で集まり、ペアごとに相手の恥ずかしい体験を紹介し合います。当然のことながら、そこでまったく違う理解を

していたことが明らかになる場合もあります。ジェスチャーで何かを伝えることの難しさをみんなで楽しみつつ、参加者の相互理解を図るというゲームです。

　「恥ずかしい体験」を「ジェスチャーで伝える」という点がポイントですので、自己開示と演技が求められます。したがって、自己紹介ゲームとはいえ、集団のまとまりがある程度高まった段階で改めて行う自己紹介ゲームという位置づけになります。（バード）

III　きずなのゲーム

自分の殻を脱いで、より深い関係と協力の下地をつくるゲーム

　表面的な、いわゆる大人のつきあいから、腹を割った裸のつきあいや本音の関係ができるようにするのが、きずなのゲームです。自分の殻を脱ぎ捨てるという意味のディ・インヒビタイザーや、信頼関係を構築するトラストアクティビティなどと呼ばれる類のゲームをここで紹介します。

　団塊の世代以前の人は、「飲ミニケーションが一番！」などと、トホホなオヤジことばを使いますが、確かにアルコールでちょっと理性のタガがゆるんだ状態の方が本音の話がしやすいようです。残念なことに飲ミニケーションの場合は、ほとんどの場合、タガがはずれすぎてその場限りの非建設的な話に終わってしまうのが欠点です。ディ・インヒビタイザーは、ちょっとタガのはずれた状態をゲームを介してもたらそうとするものです。

　誰しも他人の前で恥はかきたくないものですが、それは本人の羞恥心のレベルが高いことと、グループがまだ他人であることに起因します。お互いに少し恥ずかしいかもしれないことを繰り返していくことで、本人の意識も周囲との関係も変化していき、やがては本音のつきあいができるような関係になっていきます。お互いに無防備な状態を安心してさらけだせる関係が、その後の信頼関係構築の土台になります。

60 ネンドとモデルと芸術家
ARTIST CLAY MODEL

3人組で行います。役割は、モデルと芸術家とネンド（粘土）です。芸術家がモデルと同じポーズをネンドで創り上げることがゴールですが、芸術家とネンドは目をつぶっていないといけないし、3人ともしゃべることができないのがこのゲームをおもしろくしています。

モデルは好きなポーズをとり、芸術家はそのポーズを手で確かめながらそれと同じようにネンドの体をこねあげていきます。目をあけているのはモデルだけなので、安全面のイニシアティブはモデルがとることになります。

危険な時は、声を出して知らせてください。体の柔らかい人がモデルをやると、ネンド役の人は体がバキバキいうかもしれません。（KAI）

61 表情リレー
お疲れ仮面, FACE VALUE

グループ内で感情表現が安心してできる段階で行う、ちょっと恥ずかしいゲーム。ファシリテーターを中心に各チーム放射状に後ろ向きに並びます。ファシリテーターは「怒り」「喜び」「悲しみ」のうち1つの感情を、顔の表情だけで列の最初の人に伝えます。それを順に最後尾の人まで顔の表情だけで伝えていきます。最後尾の人は伝わってきた感情を顔の表情でみんなに表明します。2チーム

の対戦型にして、伝わってきた感情が「怒り」だったら赤のボール、「喜び」だったら黄色のボール、「悲しみ」だったら青のボールを取り合うというルールにするとさらに盛り上がります。

　不思議なことに、どんな感情を受け取っても、受け取った瞬間はみんな「笑顔」になります。（KAI）

62　仮面オニ
MASK TAG

　これも『頭星人／お尻星人（p.19）』の親戚の１人です。

　３つのグループに参加者を分け、それぞれに「笑顔」「怒った顔」「泣き顔」の役を割り振ります。各グループはそれぞれの表情をつくり、また「ニコニコ」「プリプリ」「シクシク」と声に出しながら、歩く速さのオニごっこを始めます。タッチされると相手の顔に変わらなければなりません。できるだけ、表情を豊かに、声も大きく、わかりやすくその役を演じることが大切です。途中で笑い出すことが多いので、最後は全員笑顔になって終わります。

　ここでは表情や声が大事な要素になりますので、参加者のからだや気持ちのほぐれがある

程度すすんでから行います。ゲームの組み立てという点では、『頭星人／お尻星人』一族の中では、比較的後のほうに登場します。（バード）

63 臨死体験

「ジェスチャー」による「しりとり」です。どのあたりが「臨死体験」かというと、このゲームをスタートする人がそういう体験をします。適正な人数は…どれくらいかは以下のルールを見て想像してみましょう。

みんなで輪になります。人は臨終の間際に"走馬灯"のように昔の記憶が目の前をめぐるといわれています。"走馬灯"は「ジェスチャーしりとり」となって目の前をめぐっていきます。スタートする人（誰でもOK）は「しりとり」を始める最初の言葉を叫んで倒れます…臨終間際の最後の一言、です。その隣（右か左かは事前に決めておきましょう）の人は「しりとり」の言葉をジェスチャーのみでまた隣の人に伝えます。周りの人はそのジェスチャーを当てるのを手伝う発言可です。制限時間内にしりとりを一周させることができれば、倒れた人は生き返ることができます。ただし、制限時間は倒れた人の「息が止めていられる間」。そう、スタートする人は"最後の一言"を発したら、息を止めて倒れるのです。わぁ、早

くしりとり回さないと、本当の「臨死体験」になっちゃう！ 適正人数はどれくらいなんでしょうね…。

　ちなみに私はまだこのゲームにおいて「生き返り」を見たことがありません。（MEG）

64　番号！
COUNT OFF

　「グループ全員で番号をかける」という、どこでもできるシンプルなゲームですが集中力、スリルともに抜群です。1人1回番号を言いグループの人数の番号まで到達すれば大成功！ ただし、番号以外の声を出すことも、目で合図することもできません。もし、ある番号に対して、2人以上の人が声を出してしまったら"1"から数え直しとなります。時々1回で成功するグループがあります。そんな時には人数より多い数、10とか20までにしたり、目を閉じたり、歩きながら、英語でと難度を高くするといいかもしれません。逆に数字を少なくしていけばカウントダウンにもなります。

　もし授業の中で使うことがあれば、歴史の授業で歴代の将軍、家庭科の授業で栄養素…と何にでも使える優れものゲームです。たしかポケモン100匹数え歌があったような… 挑戦してみますか？（Tomo）

65 一歩前へ

『番号！』に動きを加えたゲームです。大きめの輪をつくり、全員が輪の内側を向き、"1"で1人、前に出て戻り"2"で2人、前に出て戻り…必ず全員が1回は前に出ます。もしある数に対して数以上に動いてしまったら"1"からやり直しとなります。

数が多くなった時、このルールのまま続けるときっと人数が足りなくなるので、そんな時は、1人が何度でも動けることにするといくつまででもできます。その場合は、動かない人がでないように気をつけましょう。（Tomo）

66 目かくしオニごっこ
BLINDFOLD PAIRS TAG

狭い範囲で行う2人1組の歩く速さのオニごっこです。

ペアの1人は目を閉じて、もう1人がナビゲーターとなります。目を閉じた方が前になり、手で"バンパー"をつくり、ナビゲーター役は、その後ろにピッタリくっつき言葉だけで、前の人を誘導します（前の人には、さわっちゃダメよ）。オニ役は、オニの印として前の人がフリースボールやぬいぐるみをもって、それでタッチします。タッチされた人が新しいオニ、ナビゲーターは逃げ手、オニはナビゲーターに交替します。おすすめは、やはりラバーチキ

ンでしょう。オニ役は、「コケッコケッ」と叫びながら追いかけることにすると笑えます。グループの人数が多いときには、オニ役を増やして暇なペアが出ないようにしましょう。

「目をかくす」ということは、人によってはストレスのかかることなので、いきなり行わないようにしましょう。始めは、後ろの人が前の人の肩に手をおいていいことにして活動してからステップアップするのもいいでしょう。そうそう、目かくし役とナビゲーター役は、必ず、交代して両方の経験をしてもらいましょう。レベルアップ編として、使える言葉を制限する（いち、に、さん、の３つの言葉しか使えないなど）というのもあります。ふり返りは、コミュニケーションに焦点を当ててみてはいかが？（Moomin）

67 発射！

BLINDMAN'S CANNON BALL BLUFF

２人１組の目かくしボール当てっこです。前の人が発射装置（目を閉じる）、後ろの人がパイロットになり、２人で協力して、他のペアにフニャボールを当てていきます。もちろん、他のボールに当たらないようにしながらです。発射装置役が当てられたら、パイロットと交替し、２人とも当てられたら場外でボールボーイに転身。活動終了までがんばりましょう。

これも、目を閉じての活動なので、活動場所の安全はもちろんのこと、以下のことを参加者には守ってもらいます。

・ボールの「発射！」は、前腕だけの振り下げ動作のみに限定する（野球のような投げ方等は他者を殴る危険があります）。
・ボールを拾うときは、上体を垂直にしてしゃがみ、頭をさげないこと（頭を蹴られる危険があります）。

　また、使用するボールはやわらかいものにしましょう。プラスティック製や硬式テニスのボール等はダメダメ。（Moomin）

68　ゾンビ
ZOMBIE

　安全な活動場所を見つけて、参加者に動ける範囲を確認してもらいます。その範囲内で散らばった全員が目を閉じるか、アイマスクを付けて"バンパー"を作り、他の人との接触に備えます。あらかじめ誰か解らないようにゾンビ（オニ）を数人決めて無言でスタートします。ゲームがスタートすると全員ゆっくりと徘徊して仲間を探します。途中に誰かと接触した場合は両手と両手を合わせ確認をします。お互いが手を合わせた後に、ゾンビは奇声（ヒィエ〜など）を出し、ゾンビでない人は声を出しません。手

「アッ！ いけない」という緊迫感を呼び起こさせて効果的です。この音を効果的に利用するなら、板張りの体育館が最適です。地面、砂地、カーペットでは、皿を回転させることができないのでできません。

　低い姿勢で、周囲の安全を確認できない状況で皿を回転させる人と、名前を呼ばれて走り出す人が交差するときの衝突には十分注意しましょう。（たけちゃん）

55　ネームパドル

　『スピンネーム』を地面や砂地、芝生でもできるようにしたもので、皿の代わりにカヌーのシングルパドルを使います。もちろんどこにでもパドルがあるわけではないので、施設でよく使われているＴほうき（文化ほうき）でも代用できます。

　グループで輪をつくり、真ん中で1人がパドルを立てて支えます。誰かの名前を呼びながらパドルを支えている手を離し、輪の空いているところに入ります。呼ばれた人は、パドルが倒れる前に、パドルを支えに走ります。これを繰り返すことで、うろ覚えだった人の名前をお互いに確認することができます。

　しばらくすると、わざとパドルが倒れるようにふざけていた人も、「バタン！」と音を立てて倒れるのを嫌がる人に気づき、逆に確実にパドルを倒さずにつなぐ工夫をする人がいることに気づきます。「呼ばれた人がパドルを倒さないための心

を合わせた後は何事もなかったようにまた続けます。ゾンビと手を合わせてしまった人はゾンビになりますが、人間同士では何も起きません。ゾンビ同士の場合は2人ともゾンビから人間になることができます。

　参加者の安全意識とリーダーの安全確保が大事な活動です。
（アキさん）

69　ブタ小屋ゲーム

　自分の殻を破るゲームの部類です。『魂で握手（p.10）』の握手の代わりに選んだ数だけ「ブヒブヒ」とブタの鳴き声で「ブヒ（1）」「ブヒブヒ（2）」「ブヒブヒブヒ（3）」のグループに分かれるゲームです。まず、全員に1か2か3のいずれかを心の中で決めてもらいます。そして、自分と同じ数の仲間を「ブヒブヒ」の鳴き声だけをたよりに見わけるゲームです。

　実際に4本足で、まわりのブタと「グォッグォッ」と鼻を鳴らしあうことができるようになったあなたは、ブタ小屋ゲーム上級者です！
（よっしー）

70　不協和音
CACOPHONY

　このゲームはまさにその名のとおりの、にぎやかなゲームです。
　人数的には10〜20名前後が適当でしょう。全員で輪になると

ころからスタートします。輪になったらそれぞれ自分の音を決めて、ひととおり発表します。両隣りの人の音を確認したら、輪をこわしてしばらく歩き回り、目を閉じてからそれぞれの音を頼りに、元の順番の輪をつくるのがこのゲームの目的です。元の輪ができるまで、声に出していいのはそれぞれの音だけです。

　音の種類は、「ピャッ」とか「ドッカーン」などの自由なサウンドでもいいし、動物の鳴き声などのテーマを決めても OK です。基本的には、声を出すことでのディ・インヒビタイザーの要素と、輪をつくり直す過程でのイニシアティブの要素が、このゲームには含まれていますが、音のテーマを「森で聞こえる音」とすれば環境教育方面のゲームに、音をことばに代えて、「思いやり」「やさしさ」などのポジティブなことばをテーマにすれば、いわゆるピースメイキング方面のゲームになります。（諸さん）

71　人間隠し

　床に伏せているグループの中から 1 人をこっそり部屋から連れ出し、その連れ去られた仲間が誰であるのかを早く見つけてあげるというほぐしのゲームです。
　（リーダー）♪人間隠し　♪人間隠し、（メンバー）♪わ〜い♪わ〜い（スキップしながら万歳するように大きく腕を上下に振っ

て円形に移動するなどして楽しさを盛り上げることも"ほぐし"の大きな要素)。このフレーズを2～3回繰り返し踊ったところで、リーダーの「(人間隠しが…) きた～!」の合図で、全員床に伏せてまわりを見ないようにします。その間にリーダーがグループの中から1人をこっそりとその場から連れ去り、別の部屋(あるいは少し離れて隠れられる場所)へ連れていきます。隠し終えたらグループのところに戻り、リーダーの「(人間隠しが…) 行っちゃいました～!」の合図で、伏せたままのメンバーに起きてもらいます。そして、できるだけ早くいなくなった人が誰かをメンバーみんなで探し当ててもらいます。大体見当がついたところで、みんなでその人の名前を呼んで出てきてもらいましょう。見事、登場したら拍手で迎えてください。

　次に、同じ要領で隠す人の人数を増やしてみましょう。15人くらいのグループなら2～3人、25人以上のグループなら3～5人くらいが目安です。

　隠された人が自分の友達であったり、自分のそばにいた人であればすぐに気がつきます。でも、複数の人が隠された場合はなかなかそうはいかないでしょう。万一、最後まで誰にも気づいてもらえずに名前が出ない人が出てきてしまった場合は、「雲隠れ名人」などのフォローを!（TAKABO）

72 おいはぎ

通行人を脅して金品を奪い取る…という"おいはぎ"をもじったゲームです。

要領は、床に伏せてまわりを見ないようにするところまで『人間隠し』と同じです。フレーズが（リーダー）♪おいはぎ ♪おいはぎ、（メンバー）♪わ～い ♪わ～い、に変わります。リーダーはみんなが床に伏せたのをみはからって、おいはぎのごとくメンバーの靴下やメガネなど数点をはずしていき、あとで誰の何がなくなっているのかをみんなで当てます。当人は自己申告することはできません。このとき、靴下の片足だけ…というように誰にでもわかりやすく滑稽なものを含めておくと、よりメンバーみんながゲームを楽しめます。

逆に着衣の下に隠れていたアクセサリーやポケットの中にあったものなど、誰も気がつかないようなものは雰囲気をしらけさせます。
（TAKABO）

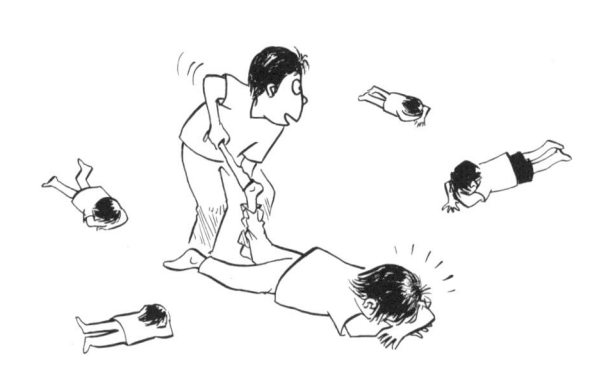

73 お誕生日

これも床に伏せてまわりを見ないようにするところまで『人間隠し』と同じ要領です。フレーズは（リーダー）♪お誕生日 ♪お誕生日、（メンバー）♪わ～い ♪わ～い、です。

この"お誕生日バージョン"が『人間隠し』と違うところは、リーダーが伏せているメンバーに「今日（該当者がいない場合は今月）お誕生日の人」と問いかけたら、お誕生日の人は自分から部屋を出ていくところです（自ら部屋を出ていけるかどうかの部分にチャレンジの要素があります）。隠れ終えたらリーダーの「（お誕生日の人が…）行っちゃいました〜！」の合図で、伏せたままのメンバーに起きてもらいます。すなわち、起きたときにその場にいない人がお誕生日なわけです。「○○さん、お誕生日だったんだ〜」とメンバーが気づいたら、メンバーみんなでハッピーバースデーを歌ってお誕生日の人を迎えます。参加しているメンバー全員に自分のお誕生日を祝ってもらえるというほのぼのゲームです。

　参考ですが、人間隠し『お誕生日』編の手法で、人間隠し『したことある人』編もできます。この『人間隠し』シリーズは題材さえあれば、いくらでもアレンジできるのですが、留意点として、あとで「××の○○くん」などと呼ばれてイヤな思いをすることがないよう、題材には注意を払いましょう。（TAKABO）

74　ヤートロープ
YURT ROPE

　他者の力やグループとの繋がり、あるいは委ねる感覚や拮抗感覚がロープを通じて味わえるゲームです。輪になって内側を向き、輪になっているロープを持って立ちます。5秒かけて全員一緒に後方

に傾く。ロープはテンションがかかり、硬くしっかりしたものになる。傾きはお好みで変えていいでしょう。

　朝一番にこのゲームを通してその日のグループ目標や、個人の動機付けに繋がる訓話や示唆なども効果的に伝わるに違いない…そんな静かでパワーのあるプログラムです。

　バリエーションとして、立位→後傾→しゃがむ→尻をつけて座る→しゃがむ→後傾→立位という一連の動きを5秒間ずつ数えて行った後、目をつぶったノンバーバル状態で行うと、グループの一体感が深まるでしょう。

　使用するロープは伸縮しないスタティックロープが最適。伸縮するダイナミックロープでもできますが、安全最優先でいろいろ試行してみて。（nino3）

75　ホグコール

HOG CALL

　目を閉じて、声を頼りにパートナーを探し出すゲームです。

　まず、2人1組になって合い言葉を決めておきます。合い言葉は語呂がよい、対になる言葉がいいでしょう（「焼き肉」と「定食」、「セロハン」と「テープ」など）。合い言葉が決まったら、お互い、ある程度離れたところまで移動します。それぞれのスタート位置が離れるほど、難易度が高くなり、盛り上がります。移動がすんだら"バンパー"を作り、目を閉じて一斉にスタートします。参加者はお互いのパートナーの合い言葉を頼りに進んでいき、見事再会できたら目を開けてください。

この活動は参加者全員が目を閉じて行うため、障害物のない場所、たとえば広い体育館や広場のようなところで行いましょう。両手を前に出してバンパーを作っていても、まれにイノシシのように猛スピードで突っこんできて、壁や障害物にぶつかってしまう参加者もいるため、リーダーはあらかじめぶつかると危険な箇所を想定し、安全にできるように配慮しましょう。（みっぷう）

76　人間カメラ
HUMAN CAMERA

　2人組になり、1人はカメラマン、もう1人はカメラ本体になります。カメラマンは撮りたいものを探しながら、目を閉じたカメラ役の人を誘導します（お互いに安全な方法を選択してください）。アングルが決まったら、カメラ役の人をそのアングルを見ることができる位置に移動させ、頭を固定します。カメラマンは何を撮りたいのかを伝えず、カメラ役の人の耳を触って写真を撮ります。耳を触られている間だけ、カメラ本体の人は目を開けて、目の前に見えるものを自分の脳裏に焼

き付けます。シャッターのきり方は2人で楽しいやり方を決めてもいいですね。撮った画像を鮮明に残しておくためにも、カメラ役の人は目を閉じたまま元の場所までもどることをお勧めします。

　役割を交替した後のふり返りとして、カメラ役の人が見たものは何だったか、そこにカメラマンのどんなメッセージが込められているのかなどお互いに話し合うのもいいでしょう。

　何か活動をした後に、ふり返りの方法として「今の気持ちを写真に撮ってくる」というのもひとつのやりかたです。（Chika）

77　迷走UFO
GROUP CIRCLE WALK

　目を閉じて手をつないだ輪の中に、1人だけ目を開けた人を置きます。この目を開けた人がナビゲーターとなって、この人の輪を"言葉だけ"で目的地に誘導します。コースは、曲がったり、よけたりしながら進む方が、変化があってよいのでは。木や障害物があればいいのですが、運動場や体育館の広い所なら、ラインをつくって、なぞるように動かす方法もあります。

　目を閉じて、手もつないでいるので、足元が不安に思う人のためにも目隠しはせずに、目を閉じるだけにしておきます。（しっしー）

78　迷走UFO 新聞紙編

　5人1組になります。用意するのは新聞紙1枚。くり抜いて額

縁のような形にし、1人が中に入ります。残りの人たちは新聞紙の四隅をつまむように腰のあたりで持ちます。新聞紙の持ち手は目をつぶり、中に入っている人の指示どおりに目的地まで進んでいきます。中の人は言葉だけで周りの4人を誘導します。途中に障害物を置いたり、ルートを決めて進んだり、コースに工夫があると面白いですが、目をつぶっているので十分気をつけて！　同時に4人に指示を出すって難しい…。ここでは新聞紙を持つ人数を4人と設定したので「5人組」にすると書きましたが、もちろんもっと新聞紙の持ち手を増やすことは可能です。指示出しが難しくなると思いますが…。（みど）

79 リアクション
LOOK ACROSS

10～20人くらいが適当でしょう。お互いの視線の先がわかる程度の人数で全員内側を向いた輪になって立ちます。

まず、手を振るとか、ガッツポーズをするなどの目立つアクションをして、それと同じ動作で応えてくれた人と場所を入れ替わります。アクションは誰が発信しても構いませんし、数人の人から別々のアクションが同時に発信されていて

も構いません。

　次の段階として、アクションのかわりに視線が合った者同士で場所を入れ替わります。簡単そうですが、視線を合わすだけでも何となく恥ずかしいし、対象が自分なのかどうか自信を持てずにドギマギしてしまい、視線を合わせて場所を交替するというだけの簡単なことがかなりのチャレンジになるから不思議です。（諸さん）

80　リアクションⅡ
LOOK ACROSS Ⅱ

　『リアクション』と同じようなゲームですが、『リアクション』の万歳やガッツポーズやハッスルハッスルなどの目立つポーズのかわりに、よ～く観察しないとほとんどわからないような、微細なアクションを発信します。たとえば、鼻をヒクヒクさせる、人差し指で自分の太ももをカリカリこする、誰に向けているわけでもないウィンク、などです。このかすかなアクションを拾ってくれた人と場所を入れ替わります。かすかなアクションといっても、耳を動かすなどは返したくても返せない人がいるし、急に倒れて「息を止めてたのに～」とか、いわれても困ります。

　『リアクション』と『リアクションⅡ』の２つを実施してからふり返りを行うと、誰かのメッセージを拾って返すことの意味が話題になり、では実生活でのあいさつはどうなのか、などといった方面に発展することがあります。こうなると、単なるゲームが体験教育の道具としての意味を持ってくるわけです。"ゲーム"が"アクティビティ"と呼ばれる由縁です。

　いつも堅苦しく考える必要はありませんが、こうした

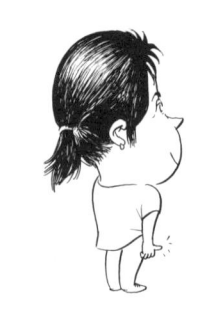

ゲーム（アクティビティ）を単なるレクリエーションとしてしか使わないでいることは、それはそれでOKなのですが、それだけではもったいない気もします。（諸さん）

81 ルックダウン・ルックアップ
LOOK UP / LOOK DOWN

　肩がふれあうくらいの距離で内向きの輪になって立つと、どこを見ていたらいいかちょっと困っちゃう…。「ルックダウン」という声とともに自分のつま先に視線を落とし「ルックアップ！」で顔を上げて仲間の誰かの目を見る！　視線を泳がせないで必ず誰かの目を見る！　その人と目があったら「キャー！」と大げさに反応して輪から飛び出していきます。視線がショートするという設定です。普段、人の目を見て話したりするのは苦手…って思う人もいるかもしれませんが、目が合うって実はとってもうれしいものだ、と感じることうけあい。輪から飛び出しちゃった人で集まってまたルックダウン…と始めたくなるのでは？

　「どうぞ、ルックダウン・ルックアップ！と言いたい人は自由に言ってください」と声をかけるとますますいい感じで進行していきます。10人前後が適当でしょうか。あまり多い場合は最初から2グループに分け、互いのグループを行ったり来たり、というのもいいかもしれません。（みど）

82 ルックアップ視力検査

「ルックダウン・ルックアップ!」という声で、目と目が合ったらすぐにその輪からはずれちゃうのはな〜んかさびしいな…と思うときには『視力検査編』はいかがでしょう。

まず目があった場合はそこですぐに輪をぬけるのではなく手で片方の目を押さえて視力検査状態にすると、もう片方の目でその輪のゲームに参加し続けられます。

片目だと視線を合わせにくいってところもミソですね。
(みど)

83 世紀末ゲーム

『ルックダウン・ルックアップ』のバリエーションで、顔を上げたときのポーズと少々の演技力が必要になります。ある程度プログラムが進行して、お互いに知り合えたころにやるといいでしょう。

内側を向いて輪になり、リーダーの「夜!」の号令で下を向き、「朝!」の号令で顔を上げて誰か1人を見つめます。この時に、イラ

飢え　寒さ　病魔

ストの3つのポーズ、「飢え」「寒さ」「病魔」のうちの1つのポーズで視線を合わせます。誰かと視線が合って、しかもポーズが同じだった場合は、2人ともその症状が進行します。飢えならば、「なっ、何かくれぇ〜」と周囲にすがったり、寒さなら、「さっ、寒いぃぃぃ」と言いながらガタガタと震えだしたりします。

　ゲームが進行すると、助けを求める人だらけで世紀末状態になるので、救世主が必要になります。この状況を何とかしようとする人は、「朝!」の号令の後に、ちょっと恥ずかしいポーズで1歩前に出ます。この時に救世主が偶数だったら全員が回復しますが、救世主が奇数だったら、救世主も頭を抱えて落ち込みのポーズになってしまいます。（たけちゃん）

84 真夏の海水浴場
MINE FIELD

　このアクティビティは体育館や教室、集会室などが適しています。目を閉じて歩くのに慣れた後に行うとよいでしょう。

　最初に範囲とスタートライン、ゴールラインを決め、障害物（ボール、ロープ、ネット、人形、フラフープ、モップ等）を適当に置きます。2人1組になり、1人が目隠しをして（または目を閉じて）、パートナーの声の誘導のみで障害物を通過しゴールを目指します。パートナーはエリア外から指示を出します。もし障害物に少しでも触れたらスタートからやり直し。同時に何人かの声が聞こえるので、自分のパートナーの声を聞き分け指示どおりに進むのが難しい！　しかし、

それ以上にわかりやすい指示を出すことが難しい!! 全員がゴールしたら、役割を交代してもう一度行います。早くゴールしたペアからワーワー騒ぐので、あせってただ目を閉じた状態だと薄目を開けてしまうことも…。

ふり返りで、ファシリテーターが「正直に、目を開けちゃった人？」と問い掛けてみると、けっこう手が挙がったりします。信頼感と集中力が要求される活動です。（ミルキー）

85　ミゼット

これは3人組で行う信頼感なしではできないトラストのアクティビティです。ルールは簡単。「1人が目を閉じ、後ろ2人の指示で歩く。ただし声を出してはダメ!」というものです。

1人が前に立ち、目隠しか目を閉じます。あとの2人は後ろ両脇に同じ向きに立ちます。それぞれが前の人の肩に片手ずつ（右側の人は左手を、左側の人は右手を）置き、指示を出します。言葉で指示してはいけません。始める前にメンバーの中で、「進め・止まれ・曲がれ」の合図を決めておくといいでしょう（肩を押したら進め、離したら止まれのように）。前の人は衝突を避けるため、必ず両手を"バンパー"にします。動く範囲を決め、他の組とぶつからないように歩きます。ファシリテーターはある程度時間（3分程度）を決め、グループ内での役割を交代してもらいます。慣れてきたら、オニごっこをするとこれがまた楽しい。初めにオニの組を決め（人数が多いようならオニも増

やして）全員に知らせます。前の人の手が他のグループ３人の誰かに触れたらオニを交代します。

　自分が前のときと後ろに立ったときどう感じたかを、ふり返りをするとよいでしょう。「信頼する気持ち」が芽生えたらとても意味のある活動になります。（ミルキー）

86　ヤートサークル
YURT CIRCLE

　偶数の人数で、内向きのきれいな輪になって手をつなぎましょう。一歩下がって脇が開いている程度の間隔がちょうどよさそうです。「１、２」の番号をかけるなどして、１人おきのポジションをはっきりさせましょう。これで準備完了。体幹（背・腰）の関節をしっかり軸線を通して曲がらないようにし、交互に前後へ倒れます。前に倒れる側と後に倒れる側の気持ちを合わせて拮抗させるのがねらいです。つらくなく委ねた感じが全体に広がればアクティビティのねらいも達成されているでしょう。

　奇数の場合は、動かない人を１人つくります。変形としては３の番号で、「前・中立・後」を設定しても構いません。（nino3）

87　おきまりのポーズ
STATUES

　２人１組になるだけですぐにできる、準備のいらない簡単ゲームです。１人は目を閉じて粘土の人形に、もう１人は人形にポーズを

つける芸術家になりましょう。芸術家になったあなたは、あるセリフをイメージしながら、そのセリフを発するときのポーズを目の前にある粘土の人形につけていきます。粘土の人形役は、芸術家のつけたポーズから発しそうな言葉を連想し、声に出します。芸術家の意中の言葉を発したら、役割を交代します。

　簡単で短い単語から長いセリフへ、具体的なものから抽象的なものへ、粘度、いや難度を上げて挑戦します。

　相手は人形だからとばかりに関節技を決めて「ギブアップ」を言わせたり、セクハラやパワハラにならないよう、良識ある楽しい時間にしなければならないのは言うまでもありません。（とみー）

88　台風の目

　『迷走UFO（p.70）』の逆バージョンです。『迷走UFO』では、中の1人が目を開けて周りの手をつないだグループが目を閉じていましたが、台風の目では、中の1人が目を閉じて台風の目になり、周りの手つなぎグループが台風の目にタッチされないように移動します。

　体育館のような安全な広い場所でただタッチされないように動いてもいいですし、逆に周囲

の手つなぎグループが声をかけて目を閉じた台風の目を誘導し、体育館の出入り口をタッチされずに通過するようなイニシアティブにしてもOKです。（諸さん）

89 鉄人28号
ロダン

　西暦2003年4月7日、科学省長官の天馬博士は科学省の総力を結集し、人型ロボットを作りあげた…。おっと、これは鉄腕アトムでしたね。♪光るあの眼が　呼びかける　正太郎は　英雄だ…キミはこの歌を知っているか？　鉄人28号は、正太郎君の操作するスティック式のラジコンで敵のロボットと戦うぼくらのヒーローだったのです。

　前置きが長くなりましたが、このゲームは2人組になり、1人は床にうつぶせに寝ころんでロボット役に、もう1人がそれを操縦する正太郎役になったところからスタートします。課題は、ロボットを起立させること。ただし、「起立」とか「立て」とか、直接的な複合動作の命令はできません。「右足の膝を直角に曲げて」など、局部的な命令を繰り返して、最終的にロボットを起立させます。

　余計な命令を出すとロボットの電子頭脳が混乱します。（とみー）

90 ツボツボ

　アフリカの伝承遊びです。誰もが知っている『だるまさんが転んだ』が全体的に動くバージョンと考えてください。

　最初に誰かがオニになり、その人を先頭に一列に並びます。先頭のオニが「ツボツボ」と言ったら、後ろに続く人は全員で「イェイイェイ」と呼応します。最初にその掛け合いを練習します。

　先頭のオニは、「ツボツボ」と繰り返しながら、いろいろなポーズで動き回ります。コースも真っ直ぐではなく、ジグザグだったり8の字だったり、あるいは飛んだり跳ねたり、中腰になったりしゃがんだり、変化をつけた動きを繰り返します。このとき、後ろの人たちがついてくることができないようなスピードではなく、ゆっくりと動きます。後ろの人たちは「ツボツボ」に呼応して「イェイイェイ」をくり返しながら、先頭のオニと同じ動作をし、同じコースをついていきます。

　途中でオニが、「ツボ！」といって、股の下から後ろをのぞいたり、片足立ちをしたりといったポーズを決めて、止まります。後ろの人も全員オニと同じポーズで止まりますが、そのとき止まりきれずにグラっと動いてしまったり、オニと違うポーズをとったりした人が、次のオニになります。

　オニになっても、ぜんぜん「くやしい」とは思えないゲームです。
（バード）

IV　協力ゲーム

お互いの持ち味を融合させて課題を達成するゲーム

　グループで与えられた課題を達成するゲームをイニシアティブと呼びます。効率よく情報をやりとりして連携を図るコミュニケーションゲームと合わせて、協力ゲームとしてまとめました。
　イニシアティブの場合は、つい結果に目を奪われがちですが、むしろ結果にいたる過程が重要であり、ゲーム終了後のふり返りのもち方がポイントになってきます。具体的なふり返りの方法は、参加者から「斉藤君の合図があったのでうまくできました」（何が起きたのか）、ということは「声をかけるということが大切だと思いました」（具体的に何が大切なのか）、それでは次のゲームでは「みんなで声をかけ合いましょう」（次にどう生かすか）、というような意見が出てくるようなふり返りのもち方です。このふり返りをもつことで、体験が経験として身につくのであって、やりっぱなしでは単なる体験にすぎません。ふり返りをもつなどして、ゲームを学びの道具として行う場合は、道具として使われるゲームのことを厳密にはアクティビティと呼びます。
　同じイニシアティブでも、しゃべらない（ノンバーバル）ことをルールに加えれば難易度は上がります。対象に合わせて適度な難度に設定することで、参加者の達成意欲は高まります。

91 乗ってるかい

日本列島, みんな乗っかれ, ALL ABOARD

人数は 15～20 人くらい。1m 四方程度で高さ 10cm くらいの板を用意します（体育用マットを 2 つ折りにしたものやレジャーシート、フラフープなど臨機応変に）。ただし落下すると危険なので、あまり高さのないものがよいでしょう。

みんなで力を合わせて 1 つの小さな台に 1 人残らず乗り、5 秒数えることができれば成功のイニシアティブです。このゲームは場面の設定の仕方次第で、ぐっとおもしろくなります。例えば、満員電車で出勤しよう！でもよし、宇宙船で脱出しよう！でもよし、ヒーローインタビューのお立ち台に立とう！でもよし。グループの雰囲気で盛り上げてください。

このゲームには身体の接触があるため、緊張がほぐれた人間関係が必要です。
（すわっち）

92 魔法のじゅうたん

ALL ABOARD SQUARED, INSIDE OUT, FLIP SIDE

最大 10 人くらいが適した人数です。その人たちが全員乗って、1/3 くらい隙間ができるような大きさのレジャーシートを用意しましょう（人数に合わせてシートの大きさを調節しましょう）。

まずシートの上に全員乗ります。すると…あら不思議！ 一瞬にしてレジャーシートが魔法のじゅうたんに早変わり。でも大変なことに、空中で魔法のじゅうたんが故障してしまいました。故障

を直すには、じゅうたんを裏返して修理しなければなりません。ただし修理の時間は15〜20分。それを過ぎるとじゅうたんの魔法が消えてしまいます。しかしここは空の上、じゅうたんから落ちると地上に真っ逆さまに！　グループ全員で快適な空の旅へ再出発できるでしょうか。魔法が消える前にみんなでチャレンジ！

　レジャーシートを新聞紙などに変えてやってもいいでしょう。もちろんやぶれればじゅうたんは縮んでいきます。（すわっち）

93 オールキャッチ
ALL CATCH

　全員でいっせいに投げたボールを、全員で何個キャッチできるか。みんなで目標設定をして、作戦を考えながら課題解決をしていきます。投げるボールはウレタン製などのやわらかいボールで。また、ボールの代わりに、プラスチック製の竹とんぼやジェットバルーンなどを使うと、不確実な要素が生まれ楽しくなります。紙を1枚渡し、折っても丸めてもいい、どんな形にしてもいいという条件をつくると、また違った作

戦が生まれるはずです。

　円の中にボールを受け取る人（1～4人）を入れ、全員の投げるボールを何個取れるか、目標設定をしてからやってみるとまた違ったイニシアティブになります。（KAI）

94　あやとり

　まずは4パターンの形を覚えてください。みんなで輪になって集まりましょう。隣の人と手をつなぎます。これがA面。次に腕をクロスさせて、右手は左の人と、左手は右の人と手をつなぐことができますか？　これがA面のクロス。次にみんなで外側を向いて輪になってみましょう。隣の人と手をつないでみてください。これがB面。最後に、腕をクロスさせて、右手は左の人と、左手は右の人とつなげますか（ここで小さく二歩下がると手をつなぎやすくなります）。これがB面のクロス。じゃ、みんなで確認してみましょう。A面、A面のクロス、B面、B面のクロス。OK？

　では、本番。もう一度輪になって集まります。これって…そう、A面だよね。では、ここからは手を離さないで、残りのA面のクロス、B面、B面のクロスなんてできるかな？　そうそう、基本的には手を離さないでほしいけど、痛いときは軽く手を握りなおすのはOKとしましょう。

　ところで男の子と女の

子が手をつなぐのを嫌がるときってみなさんどうしてますか？ ハンカチとかバンダナで中継してみるなんてのもいいと思いますよ。
(すわっち)

95 いっせえの！
EVERYBODY'S UP, GET UPS

　足をくっつけたまま、同時に立ち上がる協力ゲームです。まずは2人組からスタート！ 2人で向かい合い、手をつないで座ります。2人でつま先をつけたまま同時に立ち上がってみましょう。「いっせえの！」…はい、できましたね。OKです。それでは、今度は隣の2人組と合体して4人1組でトライしてみましょう。「いっせえの！」…はい、何とかできましたね。OKです。今度は8人組で挑戦してみましょう。それができたら16人組にもチャレンジ！

　人数が増えれば増えるほど難しくなり、グループの課題解決の力が必要になってきます。ルールは、「自分の足をそろえ、隣の人と足をくっつけたままみんなでバランスをとりながら同時に立ち上がる」です。どうすれば立ち上がれるか、作戦会議を開くとよいでしょう。発想の転換で、うまくいくかも。
(サチ)

96 フォレストガンプ

　映画「フォレストガンプ」のエンディングの素敵な映像を知って

いますか？ 真っ白な小さい羽が意思をもっているかのように風に乗って舞うあのシーン。あれをみんなで再現しましょう。

　用意するものは風に舞うような軽い羽。実際の風があると厳しいので、体育館など室内で活動します。あらかじめ羽を落とすスタート地点から10mほど先にゴール地点（フラフープなど）をマークしておきます。

　グループは上（スタート地点）から羽を落としてもらい、その羽を地面に落とさないよう、直接触れることなく、どうにかしてみんなでゴール地点まで誘導します。口でフウフウする？　手でパタパタする？　念力でエイエイする？　はてさて？？

　たいていみんな上を向いていたり、ムキになって手をバタバタさせたりするので、頭や顔がぶつかったりという痛い思いをするかもしれません。あらかじめ注意をしておくとよいでしょう。（MEG）

97　パニックボール
FRANTIC

　体育館のような広い場所とたくさんのボールを用意しましょう。テニス部などに練習用ボールを借りたりできるといいですね。

　まず、ボールを送り出す人を1人決めます。その人は間をおきながら1個ずつボールをゆっくりと転がしながら送りだします。みなさんにやってもらいたいことは、どんどんと送り出されてくるボールを、1つ残らず転がし続けることです。1つ残らず、ボー

ルを転がし続けさせるためにはどうしたらいいでしょう？ 1つたりとも、その場でとまっているボールがあってはいけませんよ。

　では、始めてみましょうか？ それとも作戦会議が必要ですか？ そうですか、じゃ、時間がきたら声をかけますよ（この間、必要な時間を計っておきましょう）。はい、作戦タイムは終了です。では、始めてみましょう。1つ残らず、すべてのボールを転がし続けるんですよ。ボールを出す人はすべてのボールが転がっているか見てあげて、止まりそうなボールを教えてあげるといいですね。では、よーいスタート。（すわっち）

98　不発弾

　このゲームには、話し合いの時間やふり返りの時間がたっぷりあるといいので、時間にゆとりをもって行います。

　まず、道具としてイラストのようにゴムひもや輪ゴムを何重かにした輪を中心に、その輪にグループの人数に合わせた数だけ、均等になるようにヒモ（ロープやすずらんテープなど）を縛り付けたものを用意します。

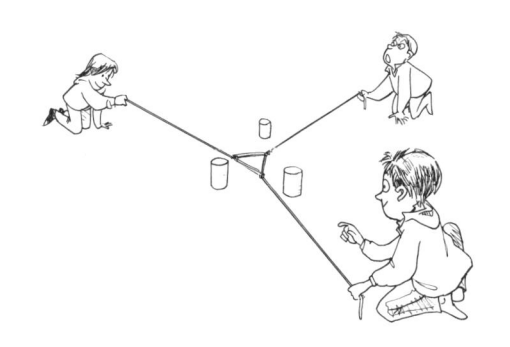

スタートラインから少し離れたところに円形の陣地をつくり、その中に、フリースボールやらメカゴジラの人形やら、いろいろな「不発弾」に見立てたものを適当に置いておきます。参加者は、スタート地点からその道具を引っ張りながら移動し、円形の陣地に入らないようにしながら、不発弾を中央のゴムではさみ、陣地から落っことさないように運び出します。

　ゲームを始める前に、不発弾をどこまで運べばいいのか、制限時間を設けるのか、何個不発弾を運び出すのかという目標設定をそれぞれのグループにしてもらいます。（ハイジ）

99　ジオラマ
数集まり　情景編

『数集まり(p.5)』で集まったメンバーみんなで相談して、ある「情景」を表現してみよう。何を表現しているのかを他のグループの人たちに当ててもらいましょう。「富士山と初日の出」「鳥インフルエンザ」「干支」。集まった人数や集まった人によって、表現される情景もいろいろな変化が楽しめます。（MEG）

100　キーパンチ
KEY PUNCH

　戦略を練りつつ、全員で協力し、力を合わせていくイニシアティブです。参加者はスタート地点から合図と同時に、15mくらい先の目的地までダッシュし、目的地に着いたらボタンに見立てた番

号入りのゴム皿を番号順に踏んでいきます。目的地は円で囲まれており（グラウンドなら石灰で書いてもよいし、野原ならロープを使います）、その中に入れるのは一度に１人だけです。ボタン（ゴム皿）は、円の中にランダムに置かれている状態です。参加者は、必ずボタンを１人１回は踏まないといけません。全部のボタンが押せたら、ダッシュでスタートラインまで戻ります。全員がゴールできたタイムをどんどん短くしていくことを目標として、１回終わるごとにふり返りや作戦タイムを設け、挑戦していきます。

円の中に２人が同時に入ってしまったり、ボタンを押しにいったとき、他のボタンまでうっかり踏んでしまった場合には、ペナルティとして１回につき５秒プラスします。

ゴム皿がない場合には、安全上の配慮を考え、なるべく滑らないものを代用します（私の場合、床がカーペットだったので、マジックテープを貼った布を利用しました）。（ハイジ）

101 パイプライン
PIPE LINE

必要な道具は、①ハーフパイプ（ラップの芯を半分にしたものなど）人数分、②ビー玉を適宜、③スタート・ゴールを明確にするもの（パイロンやバケツなど）。

みんなで協力して任意の数のビー玉を、１人１つずつもっているパイプを使ってスタートからゴールまで運びます。ただし、パイプ

の上にビー玉が乗っている人は足で移動することはできません。ほかの人は移動可能です。パイプからパイプにビー玉を移すときにパイプ同士をくっつけたり、連結させたりはしない。もちろん、パイプの上のビー玉を指で押さえたり落ちないように指でガードしたりもしない。落としてしまったビー玉はスタート地点まで逆戻り…という条件の下で、みんなでビー玉をリレーします。スタート・ゴールの距離は、グループのメンバーが全員で一列に並んでリレーをしても簡単には届かない程度の距離があるとよいでしょう。

　ゴール地点を登り坂や階段の上、高い台の上などに設置するとちょっと難しく（おもしろく）なります。落としてしまったビー玉のみをスタート地点まで戻すか、1つでも落としてしまったらそれまで運んだビー玉すべてをスタート地点まで戻すかで、かなり難易度が違います。

　制限時間の中「いくつ」ビー玉を運ぶのか数の多さを目標にすることもできるし、任意の数のビー玉をタイムを計って「どのくらいの時間」で運ぶことができるのかスピードを目標にすることもできるので、ルールはその時に必要だと思われる目的に応じて設定しましょう。（MEG）

102 バドワイザー
BUDWEISER

　グループのメンバーがお互いの情報を共有しあう協力ゲームです。リーダーはグループが知っているであろうと思われる単語か

文章を設定します。そのことばの長さは、グループのメンバーの人数分でつくるといいでしょう。そして、それをメンバーの1人1人に一文字ずつ伝えます。例えば、「は・な・よ・り・だ・ん・ご」を用意し、グループの1人ずつを呼び、ほかのメンバーに聞こえないように、用意した文字を順番をばらばらにして、1番目の人には「よ」、2番目の人には「ご」、3番目の人には「ん」…というように伝えていきます。グループはもち帰った文字を組み合わせて、リーダーがどんなことばを用意したのかを考えます。途中でもわかったところで、答えを発表してもいいですし、単語を最後まで聞いてから、発表してもいいですね。数チームの場合も同様で、わかったチームからでもいいですし、全チームが用紙に記入して一斉に発表するのもいいでしょう。低年齢の場合は文字を書いた用紙を渡してもいいですが、ことばで伝えることをお勧めします。あるいは、用紙を渡された時とことばで伝えられた時の違いを体験してもいいかもしれません。

　活動の後に、自分のもっている情報をどのようにグループに伝えたか、自分は何をしたかなどについてふり返ってみるのもいいでしょう。

　組み合わせによっては予期せぬことば、不適切なことばが出てくる可能性がありますので、その対応も忘れないで下さいね。(Chika)

103 風船パニック
BALLOON FRANTIC

　風船を落とさずひたすら"つき続ける"ドキドキイニシアティブです。風の影響を受けない、風船を全員がつき続けられる広さの場所を選びます。まずは、1人で1つの風船を"つき続ける"ことから始めるとよいでしょう。2人で2つの風船、3人で3つの風船…全員で全部の風船と人数を変化させたり、風船の数を増やしたり、全員で手をつないでついたり、耐久時間に挑戦してギネスブック登録を狙うことも可能です。まずは、やってみませんか？　どこかのジュニアサッカーチームでリフティングの練習に使われているとかいないとか。

　風船ばかり見ていると衝突事故やお見合いが発生します。くれぐれも安全に注意しましょうね。（Tomo）

104 目かくし多角形
BLIND POLYGON

　コミュニケーションや役割、参加の仕方などを考えることができる、全員が目を閉じてのイニシアティブです。

　グループ全員が目を閉じるかアイマスクなどで目かくしをして、輪になっているロープをもち、正三角形や正方形、ホームベース型（五角形）など指定された図形をつくることが課題です。活動する上での約束としては、ロープから手を離さないこと（ロープに沿っての移動はOK）とロープの全長を使うことです。

グループ全員の合意ができたらそっと地面やフロアに置き、目を開けるようにグループに伝えましょう。

　図形の頂点（角）に人が必要になるので正方形で4人以上の人数が必要ですが、それ以上の人数でももちろん活動できます。ただし、あまり多人数では、ただ長い時間ロープをもっていただけでした、の参加者が出ることが予想されるので工夫しましょう。（Moomin）

105 夜間飛行
BLIND POLYGON　星座編

　『目かくし多角形』の応用上級編です。グループ全員が目を閉じるかアイマスクなどで目かくしをして、北斗七星とかオリオン座などの星座の形に並ぶことが課題です（ボウリングのピンの配置など星座でなくてもOK。グループの人数とチャレンジングスピリットによってお題は考えてね）。

　『目かくし多角形』は、ロープという支持体があるのですが、何もないので難易度も増します。全員が目かくし（または、目を閉じている）という状況なので活動場所の

安全には、十分配慮しましょう。複数のファシリテーターで安全確保したほうがいいですね。(Moomin)

106 もじもじ君
BODY ENGLISH

チーム対抗人文字しりとりです。

まず、参加者を複数のグループに分けます。1グループは、5〜10人くらいがいいでしょう。始めのグループが、人文字で英単語をつくります。次のグループは、始めのグループの最後の文字を使って…という具合にしりとりをしていきます。もちろん、単語を声に出さないようにして伝えましょう。

アルファベットやカタカナが基本型ですが、メンバーの構成によっては、漢字に挑戦も可能です。(Moomin)

107 菅平バレー
BUMP AND SCOOT

コートを入れ替わることが目的の、全員味方のバレーボールゲーム。え〜、全員味方でバレーボールができるのかよぉ〜って思ってるでしょ！　でも大丈夫、できるんです。

まず、2つのチームに分かれてコートに入ります。その後は、みんなでサーブ・レシーブ・パス・アタ〜ックとラリーを続けていきます。ここまでは、普通のバレーボールとあまり変わりません。で

も違うところは、ボールをネット越しにパス（愛情のこもったアタックでもOK!）した人が、ネットをくぐって相手コートへ移動しなくちゃいけないこと。もし、反対のコートに移動したときに、またネット越しにパスしちゃったら、もといたコートへ戻っちゃいますよ。そしたら、またネット越しにパスして移動してね！　いつしかもといたコートと反対のコートへ全員が入れ替わってる…　そうなったら、はい終了。全員が入れ替わるまでラリーが続けられるように、よ〜くみんなで考えよう！

　敵と戦うのではなく、敵は味方、味方も味方という考え方でみんなで楽しくレッツ・バリボー!（よっしー）

108 どうもどうもどうも
CIRCLE AQUAINTANCE

　全員と握手をするアクティビティです。まずは7人（または9人）1グループで輪になり、両隣りの人と握手をしましょう。この時、名前や、どこから来たのかを伝え合うなどいろいろな方法があると思いますが、「どうも、どうも、どうも」とあいさつするのは忘れないでね。次に、今握手した人と違う人が両隣りになるように、位置を入れ替わりましょう。そして、また「どうも、どうも、どうも」とお隣りさんと握手。さらにもう1回の計3回（9人組みの場合は、もう1回の計4回）、同じように入れ替わって握手をします。ポイントは、1人1人が、自分以外のグループ全員と握手することと、お隣同士になるのは左右関係なく一度きりということ

です。できないからといって、どこかから人を連れてきてしまうのはナシです。紙や黒板に書いて1人で答えを出すのではなく、皆で話合って、何度も試してみて答えを見つけ出してくださいね。

　いや〜、どうも、どうも、どうも！(みー)

109　魔法の鏡
CIRCLE THE CIRCLE

　フラフープを使ってのアクティビティです。手をつないで内向きの輪になり、1カ所だけ手を離してフープを握りましょう。課題はそのフープを全員でくぐり抜けて、元のような内向きの輪をつくることです。フープを切り離したり、手を離してはいけませんが、だからといって、力ずくや、関節を外すなんてことは絶対しないでください。自分の体もみんなの体も傷つけることなく、アイディアと話合いから答えをみつけてくださいね。前にもやったことがあるという人がいても、何度でも挑戦してみてください。

　答えを知っている人がいることが、そのグループにとっても、知っている本人にとっても、新たな課題になるかもしれません。(みー)

110 毛布バレー
COLLECTIVE BLANKET BALL

　用意するのは2人に1枚の毛布とバレーボール、バレーボールコートがあれば、なお結構。大きめの毛布なら数人で持ちましょう。もちろん毛布以外のタオルケットやシーツなどでもOKです。ただし、破けやすい素材の物は避けたほうがいいでしょう。

　グループを2チームに分け、それぞれのチームがイラストのように毛布を広げてもちます。あとは毛布でボールをやりとりし、ボールを落とさないようにお互いのチームでパスし合います。バレーボールコートが用意できる場合は、ネットを越えてパスしてみてください。

　コートがなくても1チームで何回続けることができるか、数チームで何回続けることができるかなど、ルールはいろいろ考えられそうですね。バスケットボールでは重すぎて、危ないのでやめておきましょう。（Chika）

111 ズーム
ZOOM!, RE ZOOM!

　イシュトバン・バンニャイ著の『ズーム』『リズーム』をご覧になったことがありますか？『ズーム』は最初の絵からどんどんとズームインしていき、『リズーム』はどんどんとズームアウトしていく、30枚ほどで構成された絵本です。文字も表情もさほどありませんが、初めてみるとその発想の豊かさに感心します。この本

を解体し、パウチしたもの（長もちさせるため）をバラバラに配ります。自分に配られた1枚はほかの人に見られないように、自分だけでよく見ましょう。

「順番に並んでください」と伝え、それぞれが絵の内容を言葉で説明しながら順番とは何か？ 並ぶとはどうすればいいのか？ を言語のみの伝達で想像・解決してもらうゲームです。コミュニケーションをふり返るにも絶好のアクティビティとなります。

ご自分で作っても構わないし、写真でもできるかもしれないし、自分なりのズームやリズームを作れるのではないでしょうか。楽しいことうけあいの一品（逸品）です。（nino3）

（『ズーム』および『リズーム』は翔泳社より発行されています）

112 ヘリウムスティック
THE HELIUM STICK

ちょっと不思議なイニシアティブ。用意するものは新聞紙です。3枚分くらいを巻いて長い棒をつくります。長さは人数によって調節してください。みんなで肘を直角に曲げて腰の高さに人差し指をさし出します。全員の人差し指の上に棒をのせたらスタート！課題は、全員の人差し指がずっと棒に触れたまま、棒を地面まで下ろすことです。一本でも指が棒から離れたら自己申告して全体がアウト、また、人差し指以外のものが棒に触れたり、指と指が触れたりしてもアウト、最初からやり直しです。やり方を聞いただけでは簡単そうですが、実際にやってみると、あら不思議！ 下ろそうとし

ている棒が上がっていってしまうのです！

　同じやり方で『ヘリウムリング』があります。組み立て式のフラフープなどの「リング」でやってみましょう。スティックやリングは、軽ければ軽いほど難しいです。（いーちゃん）

113 フープリレー
HOOP RELEY

　おなじみ、手をつないで輪をつくり、手をつないだままフラフープを一周させる活動です。

　まず、数～十数人で手をつないで輪をつくります。どこか1カ所にフラフープを通し、手をつないだまま1人ずつフラフープをリレーしていき、元の所にフラフープが戻ったら終わりです。

　何回かチャレンジしてタイムを縮めるのもよし、目標タイムを決めてチャレンジするのもよし、ファシリテイト次第でいろいろに楽しめる活動ですが、フープが自分の場所にないときに傍観者にならないように参加者に考えてもらうとグループで活動している意味が増すでしょう。

　フラフープがなくても、ちょっと太めのロープの輪でも十分OKです。
（みっぷう）

114 ギアボックス
GEAR BOX

『フープリレー』の応用編。比較的大人数でも、グループ同士の競争を排除してできるフープリレーです。

数人のグループで輪をつくり、輪と輪の間にフラフープを通します。それぞれのグループがフープをくぐって一周することが課題です。フープリレーと同様、何回かチャレンジしてタイムを縮めていくタイムトライアルにするといいでしょう。

小グループ内での工夫はもちろんのことグループ同士の連携がキーとなります。(みっぷう)

115 みんなでジャグラー
GROUP JUGGLING

輪になって、動いてもぶつからないよう、隣と少し間を空けます。「では、隣以外の人にボールをやさしくパスします。はい、もらった人はまだボールを触ってない人にやさしくパスします。そう、一順するうちに、1人1回ボールに触るはずです。最後の人は、始めの人にやさしくパスしてください」。最後が隣同士になってしまったら、やり直せばOKです。

そうして、誰から誰へパスするのかがわかるようになったら、ボールを1つずつ増やしていきます。いったいいくつまでいける

か、またどこまで挑戦してみるかは、グループ次第です。

どうしたら、スムーズにパスがまわるか、声を上げるか上げないか、複数の飛び交うボールがぶつからないように高さをずらすかは、メンバーの話し合いから工夫が生まれてくることはいうまでもないでしょう。基本的なルールは、常にボールのスタートは同じ人で、1人の人が2個以上のボールはもってはいけません。ボールが床に落ちたら、始めからやり直しです。

ボールと一口に言っても、球でなくてもよいのです。ドーナツ状の輪や、ぬいぐるみ、ゴム製のグッズなど、いろんな素材を用意して、グループで、選んでいくのも、話し合いのひとつになるでしょう。（しっしー）

116 砂の器
HALF ZEES

シーツを用意します。そこに、グループ全員で乗ります。「なーんだ、楽勝じゃない」と思うかもしれませんが、本番はこれからです。では次に、そのシーツに全員乗ったまま、それを半分に折ってみてください。できましたか？　誰一人、落ちてはダメですよ。では、次に、さらに、もう半分に折ってみてください。さらに、もう半分…と、繰り返していきます。いつしか、乗っていることすら、きつくなってくるかもしれません。誰一人床に落ちてはいけないのは、つらいところですが、その制約が、かえってグループに協力を

生み出します。

　ルールを説明するとき「この下は、強暴なワニが生息していて、片足でも落ちた途端に、食いつかれてしまいます。だから、落ちないように、気をつけて！」なんて、ストーリー性をもたせると、「うっそぉ！」なんていいながらも、盛り上がります。

　シーツでなくてもブルーシートでもカーペットでも、グループ全員が余裕をもって乗れる大きさであれば、何でも構いません。
（しっしー）

117　知恵の輪
HANDS, HUMAN NOT

　輪になって、肩が触れるくらいまで、近づきます。では、まずは右手を上げて、隣以外の人と、握手をします。そのままですよ。次に、左手もやはり隣以外と、さらに、右手で握手している人とは違う人と握手をしてください。このままでは、人の手が知恵の輪のように絡まっています。ただし、元は1つの輪になっているはずですから、元に戻してみてください。

　戻す作業を始める前に、輪が1つだけなのか、『インパルス（p.20）』で確認します。スタートの人に「ギュッ信号」が戻ったら輪は1つですし、もし戻ってこなかったら、輪が2つにできあがるので、知恵の輪を作り直してもいいし、そのまま2つの輪で挑戦するのもいいでしょう。どちらを選択するかはグループに任せます。絡まって手が痛いときはもちかえてもいいですし、短いロー

プを手の間に渡すと、くぐりやすくなったり、またぎやすくなったりします。

　ロープは異性と手を握りたくないという微妙な年頃にも有効です。もっとも、そういう状況では密着するのも難しいので、同性同士のグループにするなど指導者が気を配ってあげてください。グループの人数ですが、10人くらいまでがいいでしょう。多すぎると、複雑になりすぎます。（しっしー）

118 イタリアンゴルフ
ITALIAN GOLF

　ドーナツ状のラバーリングを使って人間輪投げをします。2人組で1人がリングを投げ、もう1人が伸ばした片手をリングに突き刺してキャッチします。次は、その場所からキャッチした人が投げ、最初に投げた人が突き刺してキャッチします。キャッチに失敗したら、1投ペナルティーで、投げ直します。これをくり返して、目的地まで何投で着くことができるか数えます。あらかじめ目標（ゴルフなのでパー？）を設定してもよいでしょう。キャッチャーを複数にして数人のグループでもOKです。オリジナルは、突き刺すときにイタリア語を叫びながら

行うのがイタリアンゴルフの由来です。「ペスカトーレ!」とか「カルボナーラ!」とか… 距離を短くすれば、失敗の可能性は低くなりますが、投数は増えます。長くすれば少ない投数でいけますが、失敗のリスクは大きくなります。

場所を移動するときに、「じゃ、次はあそこの広場に集合ね」と言って、おしゃべりしながら移動もありですが、移動もアクティビティにしてしまえば活動の流れが途切れません。

用具は100円ショップなどで調達することが多いですが、ラバーリングはPAグッズとして販売されているものが、安全面でも、遠くまで投げられる重量の面からみても、今のところ最適と思われます。もちろん、フライングディスクなどを使ってもよいのですが、投げるのに特別な技術が必要ない点でも、「使える」グッズと言えます。(Chair)

119 モンスター
MONSTER

人数は、5～6人くらいが適当でしょう。課題は「足○本、手○本、頭○つ」などと数の決められた怪獣を、グループ全員で1つ作って、10m程度移動することです。全員が必ずどこかでつながっていることが必要です。

足や手の数は、カードを引いたりする方法もありますが、5人なのに、足2本とかになると、とっても大変なので、指導者がある程度決めたほうがいいでしょう。尻尾やツノまではよくあるけど、鼻や耳、キバ、翼、

舌なんてのもおもしろい！ でも、あんまり種類が増えると、わからなくなっちゃうからご注意！ 大事なのは「みんなでつくる」こと。尻尾が頭から生えていようが、手の先に角があろうがOKです。怪獣なんですから、鼻が尻から出ているのも OK です‼

　足の数を人数の半分以下にすると難しくなりますが…クマは「クマの手」で移動するし、カンガルーは尻尾で立つし、象の鼻って手みたいに動くし…てな感じに、できた怪獣の生態まで考えていたら脱帽です‼（KENさん）

120　月面ボール
MOON BALL

「1人1回だけパスして、地面に落とさずに全員がボールをつくこと」だけの単純なイニシアティブです。「な〜んだ、簡単じゃん！」なんて思って始めると、これが意外に難しい！ あさっての方向にボールが飛んでも、一度ボールに触った人はフォローができない。ドリブルはもちろん、全員が1回触る前にまた触っちゃったらダメだから、さあ大変！ 条件に合わないと、最初っからやり直し。壁や天井に当たったら…その時はその時に。

　準備は簡単。大きめのビーチボール、高さと広さがある安全なスペースさえあれば大丈夫！ ボールの空気圧の加減が指導者のちょっとしたテクニック。パンパンだと難しくなります。ソフトバレーボールでもできますが、バレーボールだと難しすぎるでしょう。10人くらいだと以上の条件で2周さ

せないとアッという間に終わって拍子抜けです。でも、あんまり難しくて絶望的になっても挑戦意欲がなくなってしまいます。適度な難度がやる気を長続きさせるコツです。心地よい風なんて吹いていると…汗だくになれます。(KENさん)

121 吹雪のレスキュー隊
SERCH AND RESCUE

数名のレスキュー隊が遭難者を救出する忍耐とチャレンジのゲームです。目かくしをしてのゲームなので、地面(床面)の安全と、動くことができる範囲を考えて、体育館のように広くて、障害物がなく、囲まれた空間が最適です。

ゲームが展開される場所の状況を参加者全員で確認し、全員が目かくしをします。リーダーが何人かの目かくしをはずして、範囲内に点在するように連れていき、座らせます。この時点で、目かくしをはずした数人は遭難者となり、ゲーム終了まで、声も音も出すことができません。目かくしをしたレスキュー隊は、手探りで遭難者を捜し、タッチすることで救出することになりますが、誰が遭難者で、何人が遭難しているのかもわかりません。レスキュー隊はお互いに声をかけ合いながら、救助活動を展開します。全員が救出された時点で、捜索活動は終了。

目かくしをした状態での、捜索活動の作戦立案と遂行の際のコミュニケーションのあり方が、ふり返りのキーポイントになります。
(たけちゃん)

122 スパイ大作戦

「山火事発生！　急いで消火剤を運べ〜！」消火剤に見立てたビーチボールを用意し、バスケットボールのコートを利用します。片側のゴール下からスタートし、反対側のゴール目指して全員が２人１組で手をつなぎ、自由な方の手でビーチボールを空中に突き上げながら移動します。見事ゴールにボールを入れれば、作戦大成功。

　ボールが地面に落ちたらスタート地点に戻ってやり直します。同じペアが連続してボールに触れるドリブルやホールディングに当たる行為は禁止です。バスケットボールのコートがない場合はどうすればよいかって？　バスケットゴールがなくても、地面にフープを置いてもよし、小学校ならポートボール風にするのもよいでしょう。

　ボールは、ビーチボールが最適ですが、バレーボールでも、サッカーボールでも、手元にあるものを使って、あなたの工夫でやってみましょう。

　なに？　オレは元ラグビー部だって？　どこへ飛んでいくのか私には責任は持てません。（とみー）

123 マシュマロリバー
STEPPING STONES

おいしいココアにマシュマロを浮かべてステキな午後のひととき

を…とシャレ込んでいるヒマはありません。

　ココアの川に見立てた2本のロープを地面に置き、そこに浮かべるマシュマロを使って、グループ全員が対岸へわたるというこのゲーム。マシュマロに見立てるのは、スポットマーカーなどを、それらがなければ雑巾や紙皿など人一人が立てるだけの面積のものを用意します。室内で行う場合には床の上を滑りにくいものがよいでしょう。マシュマロの数は、川の幅と人数で調整します。準備が整ったら、早速スタートです。

　ココアの川の上では、マシュマロに必ず誰かの体の一部が触れていないと、溶けてなくなってしまいます。溶けてなくなったマシュマロは審判役のリーダーに回収され、元には戻りません。活動中は全員の体の一部がお互いにふれあっていなければなりません。また、体が川の水面に触れてしまったら最初からやり直しです。グループで話し合い、「○分以内でやろう」と制限時間を決めるもよし、「○回以内で成功させよう」とするもよし、目標を決めると達成感も倍増です。

　そして、グループが無事ゴールしたら、温かいココアで乾杯すれば楽しさも倍増でしょう。（とみー）

124　ターザン

　5人1組で行うイニシアティブです。5人の配役は、ターザン＞ジェーン＞ボーイ＞チータ（猿）＞バナナです。課題は、5人全員

が川の対岸へ渡ることです。実際に木からぶらさがるロープを使用するのは安全上の問題がありますので、単に目の前の川を渡るという設定で進めていきましょう。

条件は、①1人は片道2回までロープをつかむことができます（つまり、片道を2回まで自力で渡ることができます）。②ターザン一家の力関係は＞記号のとおりです。ボーイは、チータかバナナを抱えて渡ることはできるが、ターザンやジェーンを抱えることはできません。③バナナは自力で渡ることはできません。④チータとバナナだけになるとチータは我慢できません。の4つです。

さあ、5人は無事に川を渡ることができるでしょうか。（とみー）

125 ツーバイフォー
2×4

盤面上に交互に並べた白と黒の8つの駒の代わりに、8人のメンバーを2人ずつ動かして、左右に半分ずつ白と黒のグループに分ける頭の体操的なイニシアティブゲームです。

8人のメンバーを2つのグループに分けます。男性・女性、白と黒のカードをもつ、Tシャツを4人は裏返すなど、方法は差し障りのないように考えてください。ここでは、白と黒で説明していきます。

8人は横1列に肩が触れあう程度に、白黒交互に並びます。動かすことができるのは、隣り合った2人を単位とし、人数分の空い

ている場所にしか動かすことはできません。列の端は空いている場所とみなします。動かしている間は、空いている場所があってもいいのですが、最終的には空いている場所があってはいけません。

　最低４回で正解にたどり着くことができますが、最初の試行が行われるまでは、最低４回という数字は発表しません。トライした後に「実は最低４回で…」と伝えて、課題達成への意欲をくすぐってください。

　以下に、４回の動きを示しておきます。グループによってはかなり時間がかかるものになるかもしれませんよ。（たけちゃん）

スタート	○●○●○●○●
１回	○　　●●○●●●○
２回	○○●●　　　○●●○
３回	○○●●●●○　　○
４回	●●●●○○○○

126　ワープスピード
WARP SPEED

　イニシアティブには、活動内容やルールが極めてシンプルなものが少なくありません。シンプルで制約が少ない分、いろいろなアイディアがわいてきて、グループが活性化するという、これは典型のゲームかもしれません。グループの人数は、７〜15人くらいまでにします。

グループに 1 つ、やわらかくキャッチしやすいフリースボールのようなものを用意します。ゴムボールやテニスボールでは跳ねてしまってキャッチしづらいかもしれません。『名前ゲーム（p.36）』などで使用するやわらかめのボールが最適です。あるいは体育の先生なら、玉入れの玉を引っ張り出してくるかもしれませんが、かび臭いのはご免です。みんなで輪になり、先頭の 1 人を決めたら、次の 2 つを確認します。

　① 1 回ボールに触った人は、もうボールに触ることはできません。
　②自分が誰からボールをもらい、誰に投げたか、しっかり覚えておきます。

　以上を確認したら、先頭の人が誰かにボールを投げます。ボールを受けた人は、別の誰かにボールを投げます。同じ人に 2 回投げてしまわないよう、あらかじめ全員ボールを受けるため、両手を前に準備しておいてもらいます。ボールがまわってきた人は、その手を下ろします。

　一通りボールが回って、先頭の人にもどってきたところで、もう一度同じ順序でボールを回してみます。順序が確認できたところで、いよいよ課題の提供です。ここでの課題は、「ボールを回す順番（投げる人ともらう人の順番）を変えないで、どれだけ早く回すことができるか」ということです。

　はじめに短時間、相談する時間をもうけ、実際にチャレンジしてみますが、かなり時間がかかると思います。その後、作戦タイムを設定し、何度かチャレ

ンジします。順番を変えないということだけがルールなので、位置を変えたり、距離を縮めたりいろいろなアイディアが出てくると思います。タイムもどんどん短縮していきますので、目標タイムを設定してもらったり、残りのチャレンジ回数を決めたり、様子を見ながらゲームを進めます。

　5秒前後まで短縮されたところで、ふり返りをします。（バード）

127　ひっつきくるぶし
WELDED ANKLES

　ひもなし2人3脚のイニシアティブです。

　人数は何人でも可能ですが、数人程度が最適です。

　全員で肩を組み、隣の人とくるぶしを触れ合って、2人3脚の延長型をつくり、一定の距離（5～10m）を移動します。その際に、隣の人とくるぶしが離れてはいけません。

　これはかなり難易度の高いイニシアティブです。実際にひもなしで足をそろえて歩くことは、少人数でも困難です。したがって、課題の距離なども短めに設定します。

　困難な課題を与えて、集団の力を高めるという目的にも使えますが、足が離れたかどうかは本人しかわからない場合も多く、自己申告に基づくことになります。

　ふり返りでは、正直に申告できたかどうかということを通して、ルールというものについて考えてもらうこともできるでしょう。（バード）

V その他の楽しいゲーム

手軽なオールマイティゲームやロールプレイなどの変わり種ゲーム

　ちょっとした空き時間や、何かを始める前の気分転換やウォームアップに、いつでもどこでもの楽しいゲームやロールプレイなど、使い方いろいろの汎用ゲームをまとめました。

　協力ゲームのトビラにも書いたように、ゲームはそれ自体が目的ではありません。学びの道具としてゲームを使うときは、その目的に合わせて同じゲームでもいろいろな使い方ができます。1つのゲームをアイスブレーカーとして使う場合もありますし、ディ・インヒビタイザーとして使うこともできます。ゲームを始める前の説明（ブリーフィング）の仕方で、参加者のとらえ方も違ってきます。

　ゲームを道具として、参加者の内発的な学びを支援するときのリーダーのかかわり方を、ファシリテーションといいます。リーダーが答えを与えるのではなく、参加者が体験学習を通して答えを獲得する支援をするのがファシリテーターです。

　こうした理論は、使うかどうかは別として、すべての教育関係者に必須だと思われます。これらの理論と実際は、PA（プロジェクト アドベンチャー）が最先端ですから、個人的に、プロジェクト アドベンチャーのワークショップに参加することを強くお勧めします。

128 タッチラグビー

エアロビック・タグ, AEROBIC TAG, TOUCH RUGBY

　活動する前に体を十分にほぐしておきます。場所は、体育館や校庭など広いところがよいでしょう。まず、2チーム作ります。人数は10人前後。先攻後攻を決め、先攻チームは自分の味方にボール（ぬいぐるみ等も可）をパスしていきます。ボールを持っていないチームは、すかさず相手チームのパスボールをカット（お邪魔虫）に入り、カットが成功したら今度はボールを持ったチームがパスを回してゲームを続けていきます。カットされたチームはまたカットしにいきます。後はひたすらそのくり返しです。

　チーム内で設定した目標回数（10回など）のパスが早く回ったチームの勝ちです。目標回数はチームに応じて決めますが、ゲームの前に必ず確認しておきましょう。チームの味方全員が必ず1回はパスをもらうルールを付け加えておくと、ボーッとパスを1回も受け取れなかったり、ボールを触ろうとしてもなかなか輪に入れなかったという仲間がいなくなるのでおすすめです。

　相手チームがボールを手で持っているときは、そこから無理やりとらないこと、地面に落ちたら相手ボールから再開すること、取り合いになったときにはジャンプボールやジャンケンをするなどのルールを決めておくとよいでしょう。
（ハイジ）

129 手つなぎオニ
マンモス, ADD ON TAG

人数は多い方が楽しいです。スタート時点で20人に1人程度のオニが適当でしょう。逃げられる範囲を事前に決めておき、オニは両手にフニャ剣を持ちます。その姿は長い牙をもったマンモスさながらです（長い手をニョロニョロさせるタコかもしれませんが）。オニマンモスは逃げる人々を牙でタッチして仲間を増やします。タッチされた人はマンモスから片方の牙を譲り受け、もう片方の手はオニと手をつなぐ…つまりマンモスが横長になっていきます。もちろん横長になったどちらの牙にタッチされてもオニに吸収されていきます。オニが長くなると、逃げる人を捕まえやすくもあり、オニがこんがらがってしまうこともあり。最後の人が捕まったところで終了です。

捕まりたくないけど、そのうちオニの方が手をつないで楽しそうで捕まりたいような気分になる…かもしれない。（MEG）

130 アメーバ
AMOEBA

用意するものはロープと、計測係1名と、密着できる人間関係。ゴールは"なるべく小さな集合体になる"こと。計測係はみんながとにかく密集してこれ以上は小さくなれない、というギュウギュウに固まっている集合体の足元をロープでマーキングしてあげて、「お

お、こんなに小さくまとまれたのか〜」というゲーム（そのマーキングの形がアメーバに似ているのです）。

　グループ対抗でアメーバサイズを比較することで盛り上がるもよし、できたアメーバを利用して、「もう一度この中に戻るのにどれくらいの時間でできるか」というタイムトライアルのイニシアティブにするもよいでしょう。小さくなるためのおんぶや肩車は危険なのでなしにしましょう。（MEG）

131　めちゃぶつけ
ASTEROIDS, BALL TAG

　一瞬にして大パニックになる、おもしろはちゃめちゃゲーム。体育館やホールなどの、周りを壁に囲まれた場所で行います。ボールは当たっても痛くないものを大量に用意します。スタートの合図とともに、いっせいにボールをぶつけ合います。全員が敵です。当てられたらその場にしゃがみ、誰が最後まで生き残るかの競争をします。

　しゃがんだ人は、その場に転がってきたボールを拾い、生き残っている人に当てると復活できるとか、しゃがんだ人に流れ弾が当たると復活できるとか、一度当てられても生き返れる

ルールをつけるとますます盛り上がります。

　「ボールを取ってもいいですか」とよく聞かれますが、個人差が出ないように、「ノーバウンドのボールはすべてよける」としたほうがいいでしょう。また、そうすることによって、しゃがんでいる人にもまんべんなくボールがいきわたります。（KAI）

132 熊が出た！
A WHAT?, BING AND BONG

　聞き返しの伝言ゲーム。1列に並び、全員前を向きます。まず、先頭の人が後ろを振り向き、2番目の人に「熊が出た！」と叫びます。2番目の人は、「えっ？」と聞き返します。次に、先頭の人は、2番目の人に「熊が出た！」と叫びます。2番目の人は後ろを振り向き、3番目の人に「熊が出た！」と叫びます。3番目の人は、「えっ？」と聞き返し、2番目の人は先頭の人に「えっ？」と聞き返します。このように、4人目、5人目…と伝えていく人数がどんどん増えていきます。列の最後まで「熊が出た！」が伝わり、「えっ？」が先頭まで戻ってきたら終了です。

　「熊が出た！」「えっ？」はなるべくおおげさに言いましょう。2列以上作り、どの列が一番早く最後まで伝わるかを競うとまた楽しいです。輪になって、右には「熊が出た！」、左には「サルが出た！」を回すと、お互いの表情も見えて、楽しくなります。（サチ）

133 三位一体

スピードラビット,
ELEPHANT PALMTREE MONKEY

　お互いに「ちょっと恥ずかしいなぁ」というポーズをとり、笑いあうことで、心の壁を低くするゲームなので、このゲームをするまでにはお互いの名前や自己紹介ゲームなどをしておくことをおすすめします。

　まずはポーズ「ウサギ」「ゾウ」「ウシ」（イラスト参照）をみんなで練習します。誰がどのポーズをすることになるかわからないので、しっかりすべてのポーズを本気で覚えるように。全員で輪を作り、中央にオニが1人入ります。オニは1人を指さしてポーズを指定し、10数えます。さされた人＋左右の人の3人でオニに指定されたポーズをとるのが早いか、オニの10カウントが早いかの勝負。もし10数えるまでにポーズが決まってしまったらオニの負け、ポーズが怪しかったらオニの裁量でその人を次のオニにしてしまおう！

　ポーズをとるのにあわてふためく人、おかしなポーズをとる人、まったく動けない人、動かなくていいのにポーズしちゃう人…とにかく「失敗したって楽しければいいじゃな～い！」というようにみんなで笑ってしまえたらそれで成功です。ポーズは3人1組であればどんなものでもOKです。自分たちで考え出してしまうのもいいでしょう。白状すると、オニが一番楽しいです。（MEG）

134 エリミネーター
キラーサークル, ELIMINATOR

ハラハラドキドキ、とてもおもしろい活動です。まず犯人を決めます。トランプを用意し、犯人の数とマークを決めて、くじ引きのようにしたり、参加者が目を閉じているあいだに、ファシリテーターが肩をたたいた人、というように、誰にもわからないように決めてください。次にみんなで輪を作ります。そしてイラストのように背中のほうで手をつなぎます（握っている手が見えないように）。犯人になった人は隣りの人の手を何回かをギュッと握ります（この握る回数がとても重要）。隣りの人は犯人から握られた回数引く1を、次の人に伝えますが、これまた手を握る回数で伝えます。次の人も同様に、握られた回数引く1を次の人の手を握ります。その結果、1回しか握られなかった人が最後に出てきます。その人はキラー信号を送られたということで、アウトになります。アウトの人は、送られてきた回数と同じ回数の信号を次の人に送ります。犯人以外の人は、自分が倒される前に、犯人を当てなければなりません。わかった時点で、「告訴！」（または「わかった！」など）といい、犯人を当てます。ただし外れた場合は倒れてしまいます。そして、そのまま再開です。推理するほうも犯人もドキドキです。

人数は何人でも可能ですが、あまりに人数が多いと、手をたくさんにぎられるため、痛くなってしまうかもしれません。また、倒れてしまった人がとても暇になってしまい、寝

てしまいます。また、キラー信号が送られてきたときの倒れ方にもこだわってみるとおもしろいです。知能犯になってくると、名探偵を先にやっつけるなどという知恵も出てくるかもしれません。
（はやと）

135 見たね！
EYE GOT YOU CIRCLED

　これは場所や時間に制約されないゲームで、ゲームというよりもその講習会やキャンプの全日程を通じての、お約束の遊びごとです。
　この遊びには特定のオニはいません。ひっかけようと思いたった人が、いつでも仕掛け人になることができます。地面に足先で円を描いてもいいですし、ヒザのところに指で OK サイン出してもいいのですが、仕掛け人は腰よりも低い位地に丸い形の罠を作ります。この罠を不用意に見てしまい、罠を見ている視線を仕掛け人に見とがめられたら、その人は「やられた」ということになり、仕掛け人の勝ちです。逆に、仕掛け人の罠（作った円）を見ないでその円に棒や指を入れることができたら、罠を破られたことになり、仕掛け人の負けとなります。この仕掛け返しは、罠に気づいた誰がやってもいいのです。キーワードは挙動不審と疑心暗鬼。（諸さん）

136 ハイローヨー
HIGH-LOW-YOH, AH-SO-KO

　輪になって内側を向きます。最初の人が High（ハイ）と言いな

がら、左右のどちらかの肘を曲げて、指を伸ばし、自分の頭越しに隣の人を指さします。さされた人は左右のどちらかの肘を曲げて指を伸ばし胸の高さで隣の人を指さしながらLow（ロー）と言います。さされた人はYoh（ヨー）と言いながら、両手を合わせて腕を伸ばし1歩前に踏み込んで、両隣以外の人を指さします。さされた人は最初にもどりHighのアクションからくり返します。これをリズミカルにエラーがないように続けます。エラーが起こった場合はその人から再スタートします。

　バージョンアップとしてエラーが起こると全員で拍手2回の後、両手を前に出し、指を握り両親指だけを上に向け「Good」の形を作り両手をあげて輪の外へ行く合図を送ります。それと同時に全員で「なんでやねん」「Get Out」等の言葉を発しながらエラーをした人に輪の外に行くことを促します。エラーをした人はトホホ顔で外に出て、輪には戻れないサバイバルゲームが展開されていきます。輪の外の人は輪の人に触れることはできませんが、輪の人に話しかけてエラーを誘発することはできます。輪の大きさと、大きな声と正確なアクションがこのゲームでの大事なところです。（アキさん）

137 キツネとリス
FOX AND SQUIRREL

ある程度互いの名前を記憶できたグループでのメンバーの名前を

呼び合うゲーム。リスとキツネを識別できるようなもの（色違い、サイズ違いのボールやぬいぐるみ等）をそれぞれ1つ用意します。

　みんなで輪になり（立っていても座っていても可）、誰かがリスを、ほかの誰かがキツネを持ってスタート。リスはあっちこっち跳んで（人から人へ投げて）逃げられるけれど、キツネは地道に走って（左右のどちらにでも回れるけれど、隣へ手渡しでパス）追いかけるしかありません。リスがキツネに捕まらないようにしつつも、キツネがリスを捕まえるように（1人がリスとキツネを同時に持つ）するゲームです。

　リスを安全なところへ逃がすには、行き先の人の名前を呼んでからパスすること。名前がなかなか出てこなくて詰まっている間に、キツネはどんどんリスめがけて走ってきちゃうよ！　キツネはリスに追いつくために、どちらに回れば早いか計算しつつ猛ダッシュするのだ。リスの逃げたい気持ちもわかるし、キツネの捕まえたい気持ちもわかるし…あぁ、困っちゃう！（MEG）

138　こおりお手玉
河童の遠足, FROZEN BEAN BAG

　みんな頭の上にお手玉をのせて歩き回り、ほかの人のお手玉が落ちたら助ける協力ゲームです。お手玉が落ちた人は、その場で凍ってしまいます。誰かがそのお手玉を拾って、もとのように頭の上に置いてくれると、また動くことができます。もし、落ちたお手玉を

拾おうとしてくれた人のお手玉も落ちてしまったら、その人もその場で凍ってしまいます。通常数分でみんなが凍ってしまいます。もちろん、頭の上のお手玉を手で押さえてはいけません。みんなができるだけ長く動き回れるようにすることが、このゲームの目標です。助けてもらった時の気持ち、人を助けたときの気持ちを、ふり返りの時に話し合ってみましょう。

　目的地を決めて、落とさないようにみんなで目的地まで移動するゲームにしても楽しいです。

　オリジナルはお手玉ですが、頭にのせるのを紙皿にすれば河童に、ちょんまげにすればサムライに見立てることもできます。頭にのせるものは何でもいいのです。楽しいストーリーを考えてみてください。また、2チームに分かれて相手チームのお手玉を落としあう遊びもできますが、とても過激になり、協力ゲームからはほど遠くなってしまいます。（サチ）

139　イースター島

　イースター島といえば、モアイ。整然と東を向いて並ぶ巨大な石像。地図上のどこにイースター島があるのか、本当のところはよく知りませんが、そのモアイ像をヒントにしたのが、この、どこでもできる主張と妥協の葛藤ゲームです。

　ゲームの目的は、リーダーの合図に合わせて立ったりしゃがんだりをくり返して、全員がモアイ像のように同じ方向を向くことで

す。最初は全員がそれぞれ好きな方向を向いて、イラストのように周りを見ないようにしてしゃがんでいるところからスタートします。リーダーの「夜明け」の声を合図に全員が立ち上がり、立ってから体の向きを変えないで周囲のようすをうかがいます。このときに、多数意見と思われる方向がうすうすわかるでしょうが、それに従うか、自己主張を通すかはその人しだいです。リーダーの「日没」の声でしゃがんでから向きを変え、またはそのままの向きで、次の「夜明け」号令で立つをくり返し、最終的に全員が同じ向きになったら、ゲーム終了です。この間、参加者は声を出してはいけません。相談も身振り手振りもしないで、みんなで無言の石像モアイになります。

　このゲームは、体育館のようなタテヨコはっきりした場所や、床のタイルや羽目板の継ぎ目で東西南北（実際の方位と合っていなくもかまいません）がわかるような場所が適しています。しゃがんだときに床のようすを見て、次の方位を決めることができます。最終的に全員がそろうと歓声ががあがります。途中でどんな葛藤があったのかをふり返ると、なかなか奥の深いゲームです。（諸さん）

140　グループフルーツバスケット

　人数は、各グループがほぼ同じ人数であれば何人でもいけるでしょう。例えば5人グループが複数あるとして、事前に全グルー

プ共通で「イチゴ・ぶどう・メロン・みかん・リンゴ」(魚の名前や車の名前など何でもOK)を決めておき、各グループの中でメンバー1人ずつ誰が何になるか決定しておきます。

　オニがもし「イチゴ!」と言ったら、各グループのイチゴたちは自分のいたグループから離脱して、別のグループのイチゴになります。その間にオニもさりげなくイチゴになり紛れ込んでしまいましょう。グループに入れず余ってしまったイチゴが次のオニ。オニが「フルーツバスケット!」と言ったら、グループ全員が解散するけど、自分の役割はそのままで、新しく5種類全部が揃ったグループを作ります。人数の均整はオニをグループにしてもよいし、例えば4人グループ・5人グループが混在していてもそれを全員が把握していれば問題ありません。イスや目印の類がなくてもできる、便利なフルーツバスケット。(MEG)

141　誘　拐

KIDNAPPING

　2人組を作り、1人は誘拐犯、もう1人は目をつぶって誘拐された人の役になります。誘拐犯は、交差点やカーブ、でこぼこ道、坂などが書き込まれた地図を見ながら、道順や路面の状況を、誘拐された人の肩に手をかけ、体をゆすって無言で伝えます。地図中のいくつかの隠れ家のうちの1つにたどり着いたら、誘拐された人は目をあけ、どこに連れていかれたかを言い当てます。

カーブでのスピードオーバーや、激しいオフロード走行はむち打ち症になりますので注意してください。身代金どころではなく、逆に慰謝料を請求されてしまいます。（KAI）

142 軌道修正
ORBIT

2人組を作り、1人は地球役、もう1人は人工衛星役です。用意するものは3～4mほどの1本のロープ。人工衛星は地球の周りを正円の軌道を作って移動します。その軌道を人工衛星はロープで描くのですが、人工衛星は地球からの指示でしか動くことはできません。しかも宇宙空間ですので真っ暗闇、目をつぶって行います。人工衛星をうまくコントロールして、正円の軌道を作ることができるでしょうか。

地球役の人は、人工衛星役の人の感情を考えながら指示を出すように心がけましょう。2人のコミュニケーション能力が試されるときです。（KAI）

143 ウィンク殺人事件
キラー, KILLER

人数は何人でもできますが、10人以上がいいでしょう。30人く

らいいるとおもしろいです。

まず犯人を決めます（犯人は1人でも2人でも、全体の人数に合わせて）。くじ引きなど方法は何でもかまいませんが、みんなにわからないように決めます。スタートと同時に、全員歩き出し、犯人の人は目のあった人にウィンクを送ります。ウィンクを送られた人は、5秒後にもだえ苦しみながら倒れてしまいます（すぐに倒れてしまわないことがポイントです）。

犯人以外の人は倒される前に、犯人を当てなければいけません。犯人がわかった時点で、「告訴」と言って手をあげ、誰かが手をあげてくれるのを待ちます。同意者もそろったところで、2人同時に犯人だと思う人を指さします。2人が一致しなかった場合や、犯人が当てられなかったときには2人とも倒れてしまいますので要注意。犯人が勝つか、犯人をやっつけるかハラハラドキドキの活動です。

バリエーション：ウィンクの場合、照れや恥ずかしさがあってできない場合もあります。また、どうしてもウィンクができない人がいるかもしれません。そんなときは、握手にするといいでしょう。犯人は握手の際に、手首をチョンチョンとこするようにするのです。後のやり方は同じです。このほうが倒されたかどうかわかりやすいという利点もあります。ただし、ルールとしてどんどん握手をするようにしましょう。そうしないと、すぐに犯人がわかってしまいます。また、犯人は握手の際に必ずしもサインを送らなくてもいいのです。時には普通に握手をし、倒したいときだけ合図を送る。そうすることで犯人がよりわかりにくくなります。（はやと）

144 キツネとヒヨコ

　全体を5～7人のグループに分け、ニワトリ一家をつくります。グループの数と同じ数のキツネ役もつくります。
　ニワトリ一家はイラストのように1列になって並びます。一番前がお母さん、一番後ろがヒヨコです。キツネはヒヨコをハァハァ言いながら追いかけてタッチします。ニワトリ一家は、お母さんを中心に一致団結して、ヒヨコをガードしながらキツネの邪魔をします。ヒヨコにタッチしたキツネは、そのまま列の後ろにくっつきヒヨコになり、一番前のお母さんが今度はキツネになります。
　今日のメシを手に入れようとするせっぱつまったキツネさん一家と、子どもを食われてなるものかと必死のニワトリさん一家の壮絶なサバイバルゲームが始まります。（KAI）

145 古葉監督
森のナンバーコール漢字編

　古葉監督…、知っている人は少なくなったかなぁ。古葉監督は広島カープの名監督だったんですが、おもしろいことにテレビ中継に写る姿はいつも、ダッグアウトの壁に半分隠れていたのです。
　ということで、このゲーム。頭の前後にはがき大のカードを1枚ずつハチマキではさみます。前後で1つの熟語になるように漢字を1文字ずつカードに書きます。ハチマキの色で2チームに分かれ、自分の文字を見破られないように、相手チームのメンバーの頭の上の2文字の熟語を言い当てます。1文字わかれば、あとは適

当に思いつくまま熟語を言い続けてもかまいません。言い当てられた人は相手チームの捕虜になります。

手や物でかくすのは反則ですが、壁や柱、ドア、床などを使ってかくすのはOKです。ただし、へたなところにかくれると、一歩も動けなくなってしまいますので注意！　あわててしまうと、顔の形が変わったり、延髄斬りをくらうことになりますので、こちらも注意が必要です。(KAI)

146　クモの子散らせ

まず、中央に1人立ち、「み〜んなみんな、よっといで♪」と歌います。その後、周りのメンバーは、楽しそうにスキップでもしながら、「いったい、ぜんたんなんだろう♪」と歌いながら1歩近づきましょう。これを、2回くり返したあと、真ん中の人は、もったいぶって、「え〜とね」と言うと、周りは「なになに？」とまた1歩。真ん中の人が、さらに「あのね」と言った

ら、「なになに？」。その後、真ん中の人が、数を言います。周りは、クモの子のように散らばりながら、その言われた数の人数になるように集まり、グループができたらしゃがみます。仲間あつめをしている間に、真ん中にいた人にタッチされたら、真ん中と交代です。

　キャンプなどで、人数分けをパッと行ってグループを作りたいときに便利なゲームです。（ハイジ）

147　ヒメドッジ

　中当てドッジボールの応用編。原型は円形コートの中の女性を同じチームの男性が体を張ってガードするという、紳士的というか男女差別というか、のゲームです。原型のヒメドッジでは、ガード役の男性はとにかく中のヒメ（女性）を守ればいいのですが、それだけだと体力勝負の汗だくゲームになってしまいますので、ウイットの通じる年齢層には、以下の応用編をおすすめします。

　使うボールは顔に当たってもOKのソフトバレーボール。投げ方はサッカーのスローインの要領で、両手で頭越しにやさしく投げ込みます。このとき投げる人は「さかな」とか「くだもの」とかのジャンルを声に出して投げます。これに対しコートの中の男性は、自分の体にボールを当てて、自分たちのヒメ（女性）たちをガードしますが、「さかな」と言われたら、「さんま」でも「ふぐ」でも「ごんずい」でも、魚の名前を言いながら

ガードしなければなりません。

ヒメにボールが触れれば、そのヒメは退場。「さかな」と指定されて、さかなの名前が言えずにボールに当たれば、その男性も退場です。（諸さん）

148 ヒトとヒト
PEOPLE TO PEOPLE

ある程度「接触」することに抵抗がないくらいの人間関係は必要でしょう。心と身体のウォーミングアップ。

2人組になってスタート。ファシリテーターが最初のあぶれモノとなってリードします。あぶれモノが「肩と肩」と言ったら、ペアの人たちは自分の相手と「肩と肩」をくっつけます。「足と足」「お尻とお尻」などなどいろいろくっつけたところで、「人と人」と言われたら、ペアをチェンジします。そのときそれまであぶれモノだった人もさりげなく中に入り、新しいペア、新しいあぶれモノとなり、ゲームは続いていきます。同じ部位同士だけでなく「ひじとひざ」「手と頭」などもありです。ただし、「口とお尻」など部位によっては問題が生じるので要注意。

手拍子で「チョチョンがチョン」とリズムを取りながら「肩と肩♪」とやるとお祭りみたいな感じで楽しいよ。（MEG）

149 トラの穴
SWAT TAG

　用意するものは立ち位置をマークするものを人数分とフニャ剣。みんなで輪になり、輪の真ん中にフニャ剣置き場の円を書きます。オニは輪の中をぐるりと歩き、誰かの腰から下をフニャ剣で触って、すぐに剣を中心の円に置いて、触った人の場所に入ります。触られた人は、オニが自分の場所を奪う前に、フニャ剣を拾ってオニを触り返すようにします。触り返せば、オニは続投。間に合わなければ、オニと交代して新しいオニになります。

　フニャ剣は必ず置くようにし、投げてはいけません。また、触るところは腰から下に限ります。
（はやと）

150 勇者のしるし

　『トラの穴』のバリエーションです。用意するものは同じです。
　アメリカ先住民の真の勇者は、他の部族居留地に丸腰で侵入し、睡眠中の酋長にデコピンしてくるという、逸話に基づいたゲームです。『トラの穴』の最中に、オニが出ているスキに、どさくさにまぎれて、フニャ剣置き場に鼻の頭をつけて（危ないと思われる場合は手にしてもいいでしょう）、自分の場所に戻ります。無事にもどれたら前もって決めておいたポーズをとって「勇者のしるし！」と

叫びます。このバリエーションのおかげで、オニと触られた人だけでなく、全員がゲームに参加できるようになります。

さらに、勇者が出かけている間に、勇者の場所に近所の人が勝手に入り込んで勇者を宿無しにしてしまう裏技もあります。（はやと）

151 失礼します
PILE UP

1人1脚の椅子を用意しましょう。輪になって、椅子を内側に向けて座ります。そうしたら、輪の中の誰でもいいので「○○したことある人」というようにお題を出してもらいます。お題に該当しない人はそのまま座ったままですが、お題に該当する人は右の席に1つ移動します。ここで問題です。隣の椅子があいていれば座ることができますが、もし隣の椅子に誰かがすでに座っていたらどうしましょう？　はいはい、じゃあその隣の人のひざの上に座っちゃいましょうね。せっかくですから、残りの活動中もその人の膝の上にずっと座ったままでいましょう！（すわっち）

152 ピンポンパン

十数人で輪を作り、「ピン」と言いながら誰かを指さします。さされた人は「ポン」と言いつつ別の人を指さします。同じく「ポン」とさされた人は手を動かさず「パン」と言います。そのあと「パン」とさされた人が「ピン」をスタートさせます。これをテンポよくまわしていくゲームです。間違えたら笑ってすぐに再開しましょう。

「パン」とさされた人が「パン」と言ってまわす逆向きも入れると高度になります（パン→ポン→ピンの順になります）。

さらに「せんだみつお」ゲームも入れて「せんだ」とさされたら「みつお」と指さして、さされた人の両側の人はヘッドフォンをゆする動作で「ナハナハ」です。「みつお」とさされた人から次の「せんだ」を指さします。また「武田」「鉄矢」で両側の人は耳にかかる毛を指でかきあげながら「何ですか～」、「ウド」「天野」なら「キャイーン」です。（はやと）

153 なんでもビンゴ

厚紙を渡して、縦横３マスのビンゴカードを作ります。お題を出して８個の重複しない単語またはフレーズを記入してもらいスタート。足りない１個はフリースペースです（真ん中じゃなくて

もいいよ!)。

　例えば「過去の経験を記入してください」「もちろんビンゴになるのも目的のひとつです」「笑いを取るのもいいですね」「考えさせられるのも歓迎です」…と条件を説明のうえ記入してもらいます。答えは1人1つずつ発表してもらいましょう。「初恋の相手が先生だった」「麦茶と間違えて冷蔵庫のめんつゆを飲んだ」「水泳の授業があるから水着を着ていったら、換えのパンツを忘れてしまった」などが出てきて、アイスブレイクするかもしれません。その集まりにふさわしい「お題」で、上手に引き出してみてはいかがですか？　子どもたちの自然体験キャンプならお題は「どうぶつ」でも楽しいでしょう。最後にいくつビンゴができたかを尋ねましょう。じゃないとビンゴの意味がないので。（nino3）

154　東西南北
QUICK LINE UP

　グループの結束力をつける協力ゲームです。グループを4つに分け、ファシリテーターを中心にして、東西南北に正方形の四辺を作ります。その向きと、メンバーの並び順をしっかり覚えておきます。また、1つの言葉や文を、メンバーの数で分割した合言葉（例：「朝ご飯」「みそ汁」「納豆」「目玉焼き」）も決めておきます。ファシリテーターが別の場所に移動し合図を出します。ファシリテーターの正面を北とし、そこへチームで移動し、決められた方角と並び順に整列し、合言葉を先にコールしたチームの勝ちです。

小さい子には正方形の四辺はつかみにくいので、ファシリテーターを中心に十字形に並ぶようにするとわかりやすいようです。小学1年生でもできましたよ。（KAI）

155　フープ東西南北
QUICK LINE UP WITH HOOP

　『東西南北』とやり方はほぼ同じですが、並び終わったあと、合言葉を言うかわりに、全員で手をつないではじからフープをくぐり抜けていきます。早くくぐり抜けたチームの勝ちです。あわてればあわてるほど…。

　さらに、移動する時に、全員がフープの中に入って移動するというルールにすると、いっそうアワワワ度がアップします。でも逆に、チーム内の結束力と親近感がぐっと深まるという利点もあります。（KAI）

156　通り雨
RAIN'S COMING

　プログラムの終了時や、盛り上がりすぎたハイの状態をさますときなど、気分を落ち着けるのにうってつけのアクティビティです。

輪になって楽な姿勢で腰をおろし、まずリーダーが、指をこする（小雨）、指を鳴らす（しずくのはねる音）、ももを叩く（本降り）、足で床を踏みならす（激しい風雨）など、雨の描写をデモンストレーションします。全員が理解したら、目を閉じて、リーダーから右でも左でも順に小雨から始めて全員に小雨が伝播したら、しずく、しずくが伝わったら本降りという具合に伝えていき、やがて止んでいくという自然の一場面を全員で共有します。不思議と落ち着き、穏やかな気分になるクロージング用のアクティビティです。（諸さん）

157　リンゴの皮むき

　注意力とだましっこ、簡単なゲームだけど奥が深い、ウォーミングアップには最適です。ナイフ役が1人、中央に座って、左右どちらかの足を横に投げ出します。他のメンバーはケンケンでその周りをぐるぐると回ります。ナイフ役の足を飛ぶ時もポンとケンケンで。

　ファシリテーターは月曜日から始めて日曜日まで、「月曜、朝、昼、夜、火曜、朝、昼、夜…」というようにカ

ウントしていきます。ケンケンの足は変えてはいけないルールですが、水曜日あたりでかなり疲れてきます。そこでこっそり、ケンケンの足を交替します。その交替した瞬間をナイフ役の人は見逃さないようにします。足をすり変える瞬間を見つけられたら、ナイフ役を交代します。

　ナイフ役を2人にし、前後で見張るようにすると難易度がアップします。(KAI)

158　ロボットさん
命令ゲーム

　人数は何人でも、場所はどこでも、簡単にできて、楽しい活動です。

　「みんなは今ロボットになってしまいました。ロボットは命令されたことに従わなければいけません。ただし、『ロボットさん』と命令の前に言われたときだけ従えばいいのです。ではやってみましょう」（一度やってみて説明するといいでしょう）

　「ロボットさん右手を上げてください」みんなは右手を上げる。「ロボットさん左手を上げてください」みんなは左手を上げる。「はい両手を下ろしてください」と言われて両手をおろしてはいけません。ルールはわかりましたか？　命令の前にロボットさんと言ってないから、従わなくてもいいのです。そうして本番に入るといいでしょう。間違えたときには笑うということをお忘れなく。

　やってみた経験上、一番最後に「すごいねー。みんな間違えず

にできたね。じゃあ手を下ろしていいよ！」というとほとんどの人が引っかかります。笑いで終わるようにしましょう。

　私は、全校朝会でもやってみましたがおもしろかったです。

　バリエーション：2人組で行ってもおもしろいです。自分の頭ではわかっていても、相手がつられてしまったり、2人で間違えてしまったりと。1人でやるより間違いは多くなるでしょう。（はやと）

159　綱押し
ローププッシュ, ROPE PUSH

　用意するのは、ロープが1本と真ん中用の目じるし。チーム対抗戦で行いますので、ロープの長さは参加人数全員がロープにつかまれるほどの長さが必要になります。

　用意ができたところで、ルール説明。てっきりこのロープを引っぱりっこするもんだとばかり思っていた参加者はびっくり！　このロープを押しっこすることにおどろかされます。そう、「綱押し」です。全3回戦行い、1回戦ごとに2分間ほどの作戦タイムを与えます。

　真ん中の目じるしを越えないで、いかにロープを相手の陣に押し込むか…。頭をやわらかくして考えてみてください。どんな感じになるかは、やってみてのお楽しみ！（KAI）

160 ロープストレッチ
ROPE STRETCH

　長めのロープを用意し、輪になるよう結んでおきます。参加者が子どもで10人くらいだったら、長さは7〜8mくらい、ロープは太めのものをおすすめします。

　輪になって集まり、そのロープを両手で握ってもらいます。隣とは適当な間隔を持たせるようにしましょう。そうしたら、みんながロープにつかまった体勢でストレッチ体操をやりましょう。「はい、屈伸」「はい、アキレス腱」、といってもロープにつかまっている意味はないか？ でも、そのくらいから始めたほうが、子どもたちの場合にはやりやすいかもしれないですね。

　「はい、ロープを上のほうに持ち上げながら、背伸び。」「はい、足を肩幅に開いて、上半身を左に、右にバランス。」「だんだん、つながりに慣れてきましたよね。じゃ、ロープに体重をあずけて上半身をそらすことができますか？」 ロープの内側に入って、ロープを押すような感じで体重をあずけてみたり…（すわっち）

161 ロシアンルーレット

　正確にやりたいなら6人。でも10人くらいでもだいじょうぶ（そのほうがおもしろい）。全員で輪になります。1人1人は、リボルバーの穴です。中央にフニャ剣を置いておきます。前もってファシリテーターが実弾の入った穴（人）を本人以外にはわからないよ

うに決めておきます。カラカラと空回りをして、準備完了！　ロシアンルーレットの始まりです。

　全員右回りに1つずつずれていきます。トリガーの場所にきたら、空発の人は「カチッ」と言ってセーフ。実弾の入った人は「バンッ」と言ってフニャ剣をとり、まわりの人の足を切ります!!　まわりの人は弾が発射された瞬間穴から飛びのきます。

　実弾になった人は心の中でニヤリとしながら自分の番を待ち、空発の人は、気が抜けないドキドキわくわくスリル満点のゲームです。途中で、突然何の前触れもなく実弾を複数にすると…とってもおもしろいことが起こります。（KAI）

162　佐川急便

　佐川急便といえば飛脚、飛脚といえば配達とちょんまげ！　ということで、ちょんまげをして配達をしてもらいます。ちょんまげは分解できるフラフープの部品1本、配達するのはハンカチ1枚。全員が飛脚になって、フニャ剣の担ぎ棒を渡しながらハンカチをリレー配達し、目的地まで運びます。ハンカチを持っている

人は移動することができません。はりきりすぎてちょんまげが落ちちゃった飛脚さんは、元気な飛脚さんに拾ってもらってくださいね。

部屋を暗くして、ハンカチのかわりにルミカライトなどの発光体をリレー配達すれば、佐川急便聖夜編となります。この時は真っ暗ですし、べつにちょんまげにならなくてもけっこうです。（KAI）

163 再会オニ

2人組を作り腕を組みます。オニは目印になるものを手に持ち、最初はただ所在なげにぶらぶら歩いています。そのまま、何事もなければいったい何のゲームなんだということになりますが、やはりここは冒険しなくては。

2人組はいったん手を離すと、オニの向こう側にまわって手を組むまでオニに追われることになります。うまいぐあいに回り込んだり、ほかの組の助けを借りたりしながら、危険な逃避行を楽しみましょう。再び出会った2人には永遠の愛が約束されることでしょう。平穏無事に人生を送りたいなら、じっと動かないことです。でもそれじゃあねぇ…。（KAI）

164 サムライ

SAMURAI

由来はアメリカのTVドラマ「将軍」。武士道を誤解しているア

メリカ生まれのゲームです。

　用意するものはフニャ剣。フニャ剣の届かない距離の輪になり、中央のサムライが振り回す剣をかわすゲームです。サムライは「どぉりゃあ〜」と気合いを入れながら、剣を振り回しますが、振り回すコースは高いか、低いかの2通りだけです。
高い剣にはしゃがんで、低いのはジャンプしてかわしますが、これを間違えた人は切られたことになるので失格です。

　失格者はサムライと交代パターンと、退場して誰が最後まで生き残れるか見届けるようにするというパターンがあります。（はやと）

165 ちょっかい
BACK STABBERS

　"泥棒草つけごっこ"の現代版"洗濯バサミオニごっこ"です。まず、全員が洗濯バサミを片手もしくは両手に持ちます。動ける範囲は、参加者が歩く速さでウロウロできるくらいに設定します。あとは泥棒草をつける要領で、何気ないふりをして近づいて、当人にわからないように洗濯バサミをくっつけます。くっつけることばかり考えていると、自分が狙われていたりします。もし自分の持っている洗濯バサミをくっつけてしまったら、あとはひたすら逃げるだけです。くっつけたい気持ちとくっつけられたくない気持ちが同時なので、かなりスリルがあります。ゲーム終了は適当な時間

できります。ふり返りの言葉として、たくさんつけられた人には、「のんびりな性格でいいね」とか「友達からの愛情をたくさんもらったね」とか、前向きな言葉がけがよいでしょう。

　対象者により、洗濯バサミの大きさを変えたり、つけられそうになったら「やめてください」「困ります」なんていう声かけもおもしろいでしょう。くれぐれも人間本体をはさむのはやめましょう。（Tomo）

166　烙　印
ステレオタイプ, STEREO TYPE

　はがき大の厚紙カードをイラストのように額につけて、自分ではわからないのにみんなが思いこんでる人物像で話し合いをする、逆ロールプレイのゲームです。

　『人物カルタ』と同じように、他人に見られないようにカードに人物像を記入してシャッフルし、それぞれが自分に配られたカードの内容がわからないように、お互いにカードをつけ合います。全員の準備ができたら、たとえば教員の集団だったら「来年度の学年の仕事分担」などの架空のテーマで話し合いを始めます。このとき「うそつき」のカードの人は、何を言っても軽くいなされて相

手にされないでしょう。また、「信頼できる人物」のカードの人は、多少的外れな意見を言っても全体の同意を得るでしょう。

　架空の話し合いがだいたい終了したら、それぞれどんな気分だったかを中心にふり返りましょう。偏見を持たれることや、理不尽な烙印を押されることがどんなに不愉快なことか、楽しいゲームの中にも貴重な気づきが生まれるはずです。（諸さん）

167　風船列車
BALLOON TROLLEYS

　みんなで風船を落とさずに運ぶ協力ゲームです。まず、1人に1つの風船を用意します。グループ全員縦に一列に並んで、風船を自分のおなかまたは胸と前の人の背中の間に挟みます。先頭の人は風船を持ちません。その状態で手を使わずに"電車ごっこ"です。対象者に合わせたスタートとゴールを決めましょう。

　もし、1つでも風船が落ちてしまったら、先頭の人を交代します。人数が多いときはいくつかのグループに分けてやってみるのもよいでしょう。「簡単だ！」というグループには、坂道や階段や後ろ歩きを使ったバージョン、ハートなど変形風船もおすすめです。はてさて落とさないように移動するにはどうしたらいいのでしょうか？　リーダーシップについてふり返ってみるのもひとつです。（Tomo）

168 罵声！

このゲームは次の『ほめ殺し！』の前座として必ずセットで行うゲームです。これだけやるのはネガティブこの上ないので、よろしくありません。

グループを2つに分け、それぞれに人数分のカードを用意します（私は、ワークショップのときには板目紙をはがき大に切ったカードを、七つ道具の1つとしていつも用意しますが、厚紙のカードは机がなくても屋外でも使えるので重宝します）。まずグループで相談して人数と同じ文字数の、例えば5人なら「う・す・ら・ば・か」などの「罵声」を考えます。そのことばをカード1枚に一文字書き入れ、名刺交換のように、相手チームと同時にやりとりして、それぞれのチームで相手チームの用意したことばを先に言った方が勝ちというゲームです。

個人的に罵られるのは愉快ではありませんが、チームで言い合うのは、そこそこ楽しいものです。そして、『罵声！』がひととおり終わったら、必ず次の『ほめ殺し！』に移行します。（諸さん）

169 ほめ殺し！

それほど不愉快でなくても、否定的なことばのやりとりだけで終わらせるのはよろしくありません。『罵声！』でやり方を理解し、

そこそこ険悪な雰囲気になったら、今度は相手を持ち上げることば、たとえば5人なら「す・ば・ら・し・い」のような、ことばを考えて、そのことばで名刺交換します。

今度の気分はどうでしょう。大きな声で肯定的なことばを叫ぶときの高揚感。『罵声!』と『ほめ殺し!』の両方が終わってから、ふり返りを持ちましょう。（諸さん）

君たち
すばらしい！

170　ビート1〜5

手遊び系の活動で、単純なわりには、クリアしたときに思わず拍手してしまったり、ヤッターと声が出てしまったり、ちょっとした達成感を味わえます。

2人で向かい合って立ちます。拍手1回、相手と片手ずつ、手をパン、パンと合わせます。次に拍手2回、そして相手と片手ずつ、手をパン、パン…。というように拍手の回数を1つずつ増やして、5回までいったら逆に1つずつ減らして1回まで戻ります。これを2人の呼吸を合わせてトップスピードに挑戦!というとみんな真剣

モード。手がまっ赤にならないように注意して下さい。

　慣れてきたところで、「始めから最後までひと言も声を出さないでやってみましょう。」とか、「始めから最後まで目を閉じてやってみましょう。」などと投げかけると、どうなるかお楽しみ。さらに、ペア同士を合体させて「4人でやってみてください。」と投げかければ、イニシアティブにもなります。4人ずつになれないときは、もちろん6人でもOK。ただし、奇数では成立しないので気をつけてね。ファシリテーターの出入りで調節を。最後は、グループ全員で成功させれば、めでたしめでたし。（Moomin）

171 観察眼

　自然観察会や市民活動など幅広く活用できるアクティビティ。開始あいさつの話を始めて少し経ったところで「30秒間目をつぶっていてください」と言い、自分の身なり・見た目をその間に数カ所変更（ボールペンをポケットに差す、めがねを変える、付けボクロをつける、お歯黒にする、ピアスをつける・外すなど）しておきます。「さぁ、目を開けてください。先ほどと変っているところがあります。わかった方は言ってみてください」という運びで展開していきます。

　もちろん「今から野外に出て草花を観察してみたいと思います。先ほどの観察眼を駆使してぼんやり見えているのではなく、些細なことも見逃さずしっかり

わかるかな～？

"観る"構えでお願いしますよ」のような繋がりがあるとアクティビティに意味が生まれてくるのは言うまでもありません。(nino3)

172 スキナー
観衆, BEHAVIOR MODIFICATION

　グループで1人、ボランティアを募ります。その人には、一度、場外に出てもらって、その間にグループで、何かのポーズや動作を決めて共通理解しておきます。そうしたら、その場から離れていたボランティアの人を呼び戻し、グループで決めた動作やポーズを推理して演じ当ててもらいます。この時、グループができることは、目的のものに近づいたら拍手をすることです（正解に近い動きになるほど大きな拍手、遠くなるほど小さい拍手という具合）。ボランティアは、グループに質問などすることはできません。お題は、小学生向きの「アイーン」や「ゲッツ」から管理職研修向きの「考える人」など年齢と対象に合わせて。そうそう、何事もメンバーによりますが、拍手がほとんどない状態が長く続くと、ボランティアは結構あせります。ボランティアになってくれた人の顔が引きつってしまわないようにね。

　初級編として、ポーズや動作を出題するのではなく、特定の場所（例えば、室内だったら室内照明のスイッチとか）を決めて、そのポイントをボランティアが推理して当てるというメニューもあります。(Moomin)

173 ジップ光線
ZIP ZAP

輪になって内側を向き、中央にリーダーが立ちます。リーダーはジップ（ZIP）と言いながら空手チョップのように手の平を縦にして水平に伸ばし、誰かをさします。さされた人はザップ（ZAP）と言いながらしゃがんでそれを受けます。また、その両隣の人はZAPと言いながら、内側の手を踏み切りの遮断機のように水平にあげます。動作を間違えたり、遅れたり、やらなくてもよい人が動作をしてしまったりしたら交代です。うまくいったら次の人を探してまたZIPをやります。あまりうまくいくことが続くようなときは、輪の中に納まっているリーダーが出ていってZIPをやる人を増やします。

人数によりオニを増やしたり、エラーの起こった人はその場に座って以後参加せずに、残った人で生き残りをかけたりするのも一考かも知れません。

ZAP光線を出す時の指先が隣の人に触れないように注意しましょう。状況に合わせた輪の大きさと、リズミカルな動き、大きな声と正確なアクションがこのゲームでの大事なところです。（アキさん）

174 破れたハート
BROKEN HEARTS

　破れてしまった半分のハートを持って、もう半分のハートを持った人を捜すゲームです。単に、ハートを合わせるのではなく、そのハートに書かれた感情を演じながら"運命の人"と出会うところがこのゲームのおもしろいところです。

　まず、ハートの形に切った紙を、人数の半分の枚数用意してください。そして、1つのハートを真ん中で2つに切ります（これでみんなに行き渡ります）。切る時にはハートごとに切り方を変えるといいですよ。その1つのハートを2つに切ったものそれぞれに同じ感情（うきうき・あせる・悲しいなど）を書きます。準備はこれで終了。

　あとは、1人1人が半分のハートをそれぞれ持って、自分の半分のハートと対になるハートを持った人を捜します。この時、ハートに書いてある感情を演じながら捜してください。そうすると、きっと自分が演じている感情と同じ感情の破れてしまったハートを持った運命の人に気づくはずです。逆に、自分も「あの人がそうかなぁ?!」って思うはず。出会って、「運命の人はこの人！」と思ったら、書いてある感情の文字は見えないようにハートを合わせてみてくださいね。出会ったときには、ちょっと照れちゃうかもね。（よっしー）

175 ゾンビとヒヨコ

　遠目には『キツネとヒヨコ（p.128）』と同じスタイルのゲームですが、キツネに相当するオニは動きのギクシャクしたゾンビ状態。ヒヨコはニワトリの列の最後尾につき、ヒヨコのみが目を開けます。つまり、ニワトリは目を閉じたままヒヨコをかばいます。

　ゾンビがむきになってサクサク動いたのでは、ゲームのおもしろさも半減します。ゾンビはゾンビらしく、ゾンビを楽しむ余裕がないと、このゲームは成立しません。

　単なるオニごっこではなく、自分の殻をやぶるディ・インヒビタイザー方面の要素が入ったゲームです。（諸さん）

176 ブブシカさん
Mrs. BABUSHUKA

　みんなで輪になりましょう。向きは内側。みんなが見えるようにね！　用意するものはありません。

　まず、初めの1人が（右でも左でも）隣の人にいきなり「ブブシカさんって知ってる？」と聞きます。知ってる人（＝すごくものしりな人です！）も知らない人もいるはずですが、続けて「ブブシカさんが転んだんだってよ。」とブブシカさんが転んだことを伝えます。その後、「こういう風に…。」と転んだ様子を体の動きで伝えます。ストレッチ系・落ちつきない系・お姫様系・おもしろ系など、どんな動きでもOKです。その動きを全員で真似します。真似

の動きは、初めの1人に話しかけられた隣の人がその隣の人に同じことを伝え、新しい動きになるまで休むことなく続けます。そして、一周するまでみんなに、ブブシカさんの転んだ様子を伝えていってください。

　なんだかわからないけど、「ふふふ…」と笑みがこぼれちゃっているはずです。動きの激しいものばかりだと最後の方には、ヘトヘトになっちゃうかも?!　それから、ブブシカさんのことを昔から知っている友人と思っちゃうかも?!　心と体の準備運動にぜひどうぞ。（よっしー）

177　妖精と魔法使い
CALM FREE

　活動する範囲を歩きまわれる程度に設定し、グループから2名ほど魔法使いになってもらいます。後のメンバーは妖精です。魔法使いは愛らしく飛び回る妖精が気に入らないので、必殺アイテムのほうき、ではなくフニャ剣でタッチし、妖精を凍らせてしまいます。安全上タッチする部分は「腰から下」、動くスピードは早歩きにしておきます。

　凍って動けなくなってしまった妖精は「助けてー!」と叫んで仲間に助けを求めましょう。まだ凍っていない妖精2人が両手をつないで輪を作って、「自由になれー」の呪文とともに凍った妖精の頭から輪をくぐらせると、魔法が解けて妖精は再び飛び回ることができます。魔法使いが「僕だって、私だってホントは可愛く飛んでみ

たい!」と思った時は、「時間よ、止まれー!」と叫んで妖精全員をストップさせ、「ははー!」と言いながらうやうやしく、フニャ剣を妖精に差し出せば、魔法使いと妖精の役割交代です。

「助けて~!」

「助けて」って叫ぶのには自分の殻を破る、ちょっとした勇気がいります。とはいえ、ここでも、あそこでも叫ぶ声が聞こえたら、いつのまにか殻なんてどこかへいっちゃってるのです。

ゲームの後、助けを求めたとき、助けてもらったとき、どんな気持ちだったかふり返ってみるのもいいでしょう。(かな)

178 袋のネズミ
CAGE BALL

スポンジのボールかビーチボールがあればOKの簡単ウォームアップアクティビティです。イラストのように足を開いて輪になり、ネズミに見立てたボールを中に入れたら、ゲームスタート。袋(輪)の中のネズミが自分の股の下を抜けて逃げてしまわないように、はたいて、はたいて防御しましょう。ネズミに股の下を通って逃げられてしまったら、アウトー! ただそれだけのことなのに、何回やってもおもしろくてヒートアップしてしまうのはなぜなんでしょう?

人数が多いときには、ボール(ネズミ)の数を増やしたり、2チームに分け、向かい合って並び、チーム対抗にしても楽しいです。ビーチボールを使う場合は、空気の量を半分くらいにしてフニャフニャの状態にしておくことがポイント。パンパンに張った

ボールだと、跳ねて顔面を直撃するか、はたきすぎてボールが破裂してしまうからです。

　あまり興奮すると頭に血が上ってクラクラしたり、腰が痛いという人が出てくるので「もうちょっとやりたい…」くらいのところで次の活動に移るのが得策です。（かな）

179　竜のしっぽ
CATCH THE DRAGON'S TAIL

　1グループ4～5人に分かれます。グループごとに前の人の肩か腰を持って繋がり、最後尾の人はバンダナやタオルを腰にたらしてしっぽを作ります。さあ、これで竜のできあがり！　竜の先頭の人は、ほかの竜を追っかけ、しっぽを奪います。しっぽを捕られた、胴体が切れちゃった、逃げ出した、その他、動悸、息切れ、転倒、戦意喪失は負けです。ほかの竜のしっぽを追いかけつつ、自分たちも最後まで生き残るためには、竜の頭、胴、しっぽが文字どおり一心同体になっていなくてはいけません。

　1回戦が終わったら、作戦タイムを取ってどうやったら生き残れるか話し合ったり、役割を変えてみてもおもしろいですね。（かな）

180 グループちょっかい

『ちょっかい』のグループバージョンです。ちょっかいは単独行動でしたが、対戦型でいくつのグループでもできます。まず、グループ分けをして、それぞれのグループで相手にわからないように王様を1人決めます。グループの人数は多いほうがおもしろいでしょう。1人1カット（10cmくらい）のガムテープを持ちます。どのグループも陣地を決め、そこからスタートします。

手に持っているガムテープを敵チームの人につけ、つけられるまでは逃げたり、王様を守ることができます。テープをつけられた人は自分の陣地にいさぎよくもどり座ります。敵に王様を知られないように、さりげなく王様の護衛をします。王様がガムテープをつけられてしまったら、いさぎよく負けを認めてゲーム終了です。

小学校高学年でやった時は、かなり白熱して先生がジャッジをしていました。あくまでも、オニごっこです。楽しみましょう。
(Tomo)

181 人間イス
CIRCLE SIT-DOWN

全員の肩が接するくらいの内向きの小さな輪を作り、右向け右をします。そこから、前の人の肩に手をかけて、輪の中心に一歩進み、内側の足できれいな輪を作ってみましょう。この時、前の人の足と、後ろの人の足との間に隙間があいていたら、さらにもう

一歩、もう一歩と輪の中心に進み、全員の内側の足の踵と、つま先がピッタリ合うようにします。外側の足は、開いておくと体勢が安定しますよ。もう一度キレイな輪になっていることを確認してから、呼吸を合わせて「せーの」で、後ろの人の膝の上に腰を下ろします。空気イス状態ではなく、しっかりと体重をかけて座ってください。ゆっくりとね。立ち上がるときも皆で揃って行います。

　このアクティビティは、全員が協力し合える状態にないと、人の体を支えられず、ドミノ式に後ろへ倒れてしまったり危険な場合あるので注意しましょう。（みー）

182 サークル綱引き

　肩幅より広いくらいの大きさの輪を置き、その輪の中から手を伸ばして、届くか届かないかくらいを半径としたロープの輪を外側に用意します。ロープはかなりテンションがかかるので、途中でほどけたりしないようにしっかりと結んでおいてください。また、手が痛くなったり、傷ついたりしないように、ロープは細すぎないも

のを選んでください。イラストのように、オニ役の人は内側の輪の中、オニ以外の人は、外側の輪に均等間隔に立ってロープを両手で握りましょう。オニにタッチされた人が、オニと交代です。外側の人はロープを握っている手を移動させず、しっかり握っていれば、自由に動いてかまいませんよ。オニも輪から足は出してはいけませんが、あとはご自由にどうぞ。フニャ剣を使うなら、外側のロープはその分長めに。このアクティビティのおもしろさは、ロープの長さのさじ加減しだいかな。（みー）

183 切り紙師

　B4の紙を手で破いて動物やヘリコプターなど作品を完成させる無言リレーです。4～6人程度のチームに分けましょう。人数均等なチームができたら、それぞれ一列に並びましょう。先頭の人は紙を受け取り「お題」を聞いて、10秒ほど考えます。誰も誰とも話せない、相談できない、ジェスチャーもダメ…前の人が何を考えてこうしたのかを瞬時にテレパシーで理解し、つづきを迷わず作成！

　参加者数や年齢等により1人あたりの持ち時間を決めます。通常大人で5人程度いるならば、1人10秒以内でよいのではないでしょうか。終了と同時に作品について最終担当者が説明します。

　説明後，チームでふり返り、分かち合い、グループの代表が「話の経緯と学び」について全体に披露するといいでしょう。（nino3）

… 184 … ワイルドウーマン
WILD, WILD WOMEN

集団のテンションを一気に高めたいときなどに便利なアクティビティです。

男性と女性に分かれます。男性は床に寝転がり、腕と腕を組み合わせたり、腕と足を絡めたりしながら、1つの集合体を作ります。とにかく簡単には離れないような強固な結合体にします。

合図とともに、女性陣はそれを力ずくで引き離します。引き離された男性をみんなで引きずって部屋の隅に投棄すると、次のパーツに取り掛かります。そうして最後の1人になったら、ゲームは終了です。引き離した男性を廃棄タイヤのように積み上げていくのもいいかもしれません。

単純明快で、楽しく、盛り上がるアクティビティですが、でもいったい誰がこんなゲームを考えたのでしょう。(バード)

… 185 … いいとこどり
COMMONS, SOUND AND MOTION

何人かのグループに分かれて、まず、自分たちのポーズ(動作)と擬音(「おりゃー!」「いぇい!」など)を決めましょう。相談がまとまったところで、それぞれのポーズと擬音を発表して、全体で確認します。その後「せ〜の」の合図で、一斉に自分たちのポーズと擬音を演じるわけですが、2回目以降はその都度グループで作戦

会議を開いて、自分たちのオリジナルにこだわってもかまいませんし、どこかのグループのポーズとどこかのグループの擬音を組み合わせて発表することもできます。「自分たちのポーズ」と「相手の擬音」というふうに。

　最終的には全員が同じポーズと擬音になることがゲームの目的です。したがって、自分たちのオリジナルに固執するか、どこかで多数意見に妥協するか、の葛藤がおこります。声の大きいところが必ずしも最後まで残るとはかぎりません。(たけ)

186 コピーキャット

COPY CAT

　内向きの輪になって床に座り、手を前に出して、指先を軽く床につけます。グループの中でそれぞれ誰か1人意中の人を決めますが、それを相手に悟られないように、目を合わせたりしないように注意してください。スタートしたら、その人の手の動きをこっそり盗み見て、まったく同じ動きをしましょう。動きが遅れないよ

うに、微妙な動きも逃さずに。そして、回りの人の手の動きも一緒に観察していってください。誰が発信源かわからないけれど、いつしかみんな同じ動きになっていることでしょう。選ぶ対象の1人は、前の活動に関連した人にしてみたり、それまでかかわっていない人などなど。

　真似をするのも手だけじゃなくて、腕や、足など、いろいろと試してみてください。鼻の動きは難しすぎるかも。（みー）

187　大車輪

　このゲームに必要なのは壁。フラフープがあってもいいかな。体育館などでやりましょう。さあ、みんなで輪になるよ。手をつないで作る輪、1つのフラフープにみんなが両手でつかまって作る輪、このどちらの方法でも輪はできるワ！　そうしたら壁に背中をくっつけて、よーいドン！でくるくる回転。輪が壁から離れないように回転しないとダメだよ。輪になって壁に背中をくっつけながら回転するだけの意味不明のこのゲーム。でも子どもたちはきっとこのゲームが大好きになるよ。スタート地点とゴールを決めてタイムでも計ろうものなら、みんなそのタイムを縮めるために真剣に話し合って、いろいろな方法を考え出すよ。意味不明から課題解決へ。あんまりやりすぎると目が回って気持ち悪くなっちゃうぞ。
（よしを）

188 大車輪オニ

　オニごっこはオニごっこでも、追う、追われるという普通のオニごっことはちょっと違いますよ。まずはオニを1人決めて、ほかの人は同じ人数で4～5つくらいの列になって、放射状にならびましょう。このときみんな中心に向いて座ってね。オニはこの放射状の列の周りをぐるぐる回ります。そして回りながら、どこでも好きな列を選んで、その一番後ろの人の肩をトントンとダブルクリック。そして猛ダッシュ。肩をタッチされた人とその列の人はオニの走る方向と反対の方向へ猛ダッシュ。オニもオニじゃない人も一周して元の列のあった場所に座ります。早く戻ってきた人から順に座るよ。最後になってしまった人が次のオニになって再スタート。オニはどっちに走ってもかまわないよ。タッチするまねでフェイントを入れたり、走る方向をかえたり楽しんでやってみてね。

　それから、肩をタッチされた人は、同じ列の人たちに「タッチされたよ！」なんて合図しないで、さっさと走り始めちゃってもいいんですよ。みんなに内緒で走り出すことができるかな？前の人が気づかず、ずっと座っているのもまたおもしろいぞぉ。

　エンドレスのこのゲーム。終わりにするのはあなたのタイミングでどうぞ。（よしを）

189 デスボール
DEATH BALL

　子どもたちの大好きなドッジボール。コートなんぞとっぱらって、もっと楽しくやりましょう!

　2チームに分かれたら、ジャンケンポンで勝ったチームがボールを持ってゲーム開始。ドッジボールと同じで相手チームの人にボールを当てるんだけど、ただ当てただけではダメなんだな、これが。当てたボールをチームメイト、または当てた本人が拾った時点で、当てられた人はアウトとなります。アウトになったらゲームからはずれてください。もし相手チームの人が拾えば、そのまま相手ボールとなってゲームは続きます。どちらかのチームが全員アウトになるまでやってみましょう。2回目をやる前に作戦タイムを入れると、話し合いにもゲームにもより熱が入ることでしょう。

　コートがなく、ごちゃごちゃになるので、ゼッケンをつけるなどして色分けするといいかも。顔はねらっちゃいけないことを、始める前に伝えましょう。ボールはソフトバレーボールか、ビーチボールで。(よしを)

190 王様デスボール
DEATH BALL　王様編

　『デスボール』の応用編。2チームに分かれたら、各チームで王様を1人決めましょう。この王様が誰なのか、相手チームにはヒ・ミ・ツ。さあ、ゲーム開始。この秘密の王様がアウトになったら、

全員アウトのデスボール。これも始める前に作戦タイムをとって、いろいろ考えるとおもしろいですよ。全員で王様を囲むもよし。王様を放っておいて相手チームを攻めまくるのもよし。王様のダミーを作り、相手チームの目を欺くもよし。それぞれのチームで考えてやってみて。はてさて、どんな作戦が出てくるか。きっと盛り上がりますよ〜。

　でも、ボールはソフトバレーボールか、ビーチボールだよ、念のため。（よしを）

191 DNA

　人数を偶数にします。じゃあ、始めるよ。全員が右手を出して、それぞれジャンケンをする相手を見つけてね。みんな右手でジャンケンポン！と、「あいこ」になるまでジャンケンしよう。まちがって「あいこでしょ！」なんてやっちゃイヤよ。「あいこ」になった右手はそのままにしておいて、次の相手を見つけるよ。そう、次は全員左手でジャンケンポン！　またまた「あいこ」になるまでジャンケンをします。左手も

「あいこ」になった手はそのまま。さあ、ここからが本番だよ！グーはグー、パーはパー、チョキはチョキの手と連結させて全員で1つの輪になってみよう。よ～く考えて…できるかな？　できないかな？　案外、簡単にできたりして。（よしを）

192　魚　群
DON'T FORGET ME!

　全員でギュウギュウにくっつきましょう。みんながくっついた状態でまわりにロープを回します。きつくてきつくて息ができない！なんてことのないように気をつけてね。ぜんぜん動けないっていうのも困っちゃうよ。一体感がより味わえるよう、ロープを何周かまわすといいかもね。ロープでがっちり結びついたところで始めます。ロープでギュウギュウに縛られたそのままの状態でみんなで移動するよ。目的地を設定して、その間には三角コーンやバーなど簡単な障害物を置いてコースを作ってね。コースの挑戦レベルはあなたの判断でどうぞ（最後にみんなで座るってのも楽しいかもね）。このとき、みんなが乱暴に動いたりしないよう、ゆっくり気をつけて移動するように伝えてあげましょう。自分1人でなく、みんなが一緒にいることを忘れちゃダメよ！　ゴールしたら、今度はどうしたらもっと速く、スムーズに動けるかな？なんて話し合うのもいいね。とりあえずチャレンジしてみてください。

　コースはUターン状に

して、前進とバックが入るようにするところがミソです。そうすると、ふり返りのときに「他人への思いやり」的意見が出てくるよ。（よしを）

193 エーデルワイス

歌に合わせて動くリズムゲーム。輪になり、左手を左隣りの人の前に出しておきます。「エーデルワイス」の歌をハミングしながら、6つの動きをくり返します。①右隣りの人の手をたたく、②自分の右ももをたたく、③自分の左ももをたたく、④自分の左手の甲をたたいて軽くはねあげる、⑤⑥で1回ずつ自分の手のひらをたたく。これをリズミカルに、笑顔でやります。できるようになってきたら、「ハイ！」の合図で左右を逆にしてやってみましょう。右も左も、どこをたたいていいかもわからなくなってきちゃうけど、それがおもしろいのです。合図を出すタイミングは、3拍子のリズムに合わせてね。（いーちゃん）

194 エルボータッチ
ELBOW TOUCH

1対1でお互い相手のヒジを触りっこするウォームアップゲーム。2人組になって向かい合い、手を伸ばして相手の肩が触れるくらいのところで足を固定します。始め！の合図でお互いが相手

のヒジをできるだけたくさんタッチするという単純なゲームです。ヒザのタッチ（ニータッチ）も入れると、より白熱します。ただし、白熱しすぎてたま～に頭をぶつけることもあるので注意しましょう。また、タッチするときに「アチョー！」「トリャー！」「ウリャー！」などなど、掛け声を入れると盛り上がります。攻めと守りをうまく使い分けてね！（いーちゃん）

195 言葉づくり
HELP ME RHONDA

　グループ対抗の言葉遊びゲーム。グループを作り、グループごとに紙と鉛筆を用意します。あとは、キーワードとお題が必要です。例えば、キーワードを「みそラーメン」、お題を「生き物の名前」とします。すべてのグループが、紙の真ん中に「みそらあめん」と横に書きます。スタート！の合図で「みみず」「ぞう」「らくだ」「あり」…というように、グループで知恵を出し合って「み」「そ」「ら」「あ」のつく生き物の名前を縦に書いていきます。「かめ」「とんぼ」というように、「め」「ん」が言葉の最後や途中にきてもOK！　濁点や拗音についてはグループに合わせて許容範囲を決めてください。書き終わった

早さで競いますが、グループごとに何を書いたか発表するところにもおもしろさがあります。キーワードは人の名前、土地の名前でも、お題は花の名前、有名人の名前でも、何でもできます。グループに合ったものを考えてみてね！（いーちゃん）

196 ウィンク
WINK

場所は、カーペット敷きの集会室のような部屋がベストです。

2人組を作り、前後に座ります。それが何組か集まって円陣を作ります。オニはその円陣に1人で座り、自分の前にフリースボールやソフトノリスビー、ぬいぐるみなどの、奪い合いになっても安全な小物を置きます。

オニは円陣を見回しながら、どこかのペアの前の人にウィンクをします。その瞬間、前の人はオニの前の獲物を取りに飛び出しますが、後ろの人はそれを阻止します。それ以外の人は、「1、2、3…」と6秒間数えます。6秒の間に前の人が獲物を奪えたら、後ろの人がオニに、奪えなかったら前の人がオニになります。オニだった人は2人組の前のポジションに入り、それをくり返します。

ウィンク系のゲームはどれも同様ですが、オニがウィンクできなければこのゲームは成立しません。それからこのゲーム集にもいくつかあると思いますが、そのねらいや意図がやってみないとわからないというゲームもありますし、まれにやってみてもわからないというゲームもあるかもしれ

ません。となると、それを考えることがすでにイニシアティブなんですね。ま、やってみてください。(バード)

197 フリンチマスター
鉄の意志

誰もがだまされまいと思えば思うほど、だまされてしまうものです。あなたは鉄の意志の如く、微動だにしないで立っていられるでしょうか？

内側を向いて軽く腕を振っても触れ合わない程度の輪になり、1人がフニャボールを持ってその輪の中に入ります。まわりは鉄の意志を持った人で、ボールを持っている人はだましの達人です。だましの達人は中央に立ち、まわりの人に向かってボールを投げるまねをし、その人がボールに反応して動くように工夫します。ボールを向けられた人は鉄の意志を持っているわけですから、ボールが実際に投げられるまでは絶対に動きません…のはずです。少しでも動いたり、実際に投げられたボールを取ることができなかったら、その人とだましの達人は交替です。達人はなかなか相手を動かすことができなかったり、ボールを取られてしまったらそのまま続きますが、自分で「これでいいか！」と思ったら、うやうやしく誰かにボールを托せばいつでも交替できます。

まじめな顔してやっているほどおかしかったり、いつのまにか達人のワンマンショーになっていたり、そしてなによりもだまされたり失敗してしまう自分がなんだか可愛く思えるゲームです。
(Chika)

198 キングフロッグ
KING FROG

　沈黙の中の笑いとスリル、一度やったらやめられない、とまらない、おすすめゲームのひとつです。

　内向きの輪になり座ったら、まずは各自で選んだ生き物の動作（それを表す動きなど）を考えます。グループの１人が「キングフロッグ（殿様蛙）」で、その場所は最高位の場所とします。動作が決まったら、全員で確認した方がいいでしょう。なぜなら、全員がほかの人の動作をやることになるからです。基本は言葉を発しません。ウサギの耳と犬の耳の違いをしぐさに表すのは難しいので、それぞれの違いをはっきりさせたほうがいいでしょう。

　スタートは常にキングフロッグでイラストのように片手を池にみたて、そこから飛び出す動作をしたら、すぐに他の人の動作を続けます。自分の動作をされた人はすかさず、「自分の動作・ほかの人の動作」を続けていきます。間違えてしまったり、次の動作がでなかったりしたら、最後尾（キングフロッグの横）へ移動します。抜けた人に向かって、ひとつずつ上座に席をつめていきます。しかし、人だけが移動し、生き物の動作はその場所においてきてください。ですから、次からは自分の前にいた人の動作となるわけです。そして、ひそかにみんなが狙っているのは最高位のキングフロッグの場所です！

　また、鳴き声バージョーンもあります。動物の動き

キングフロッグ

と鳴き声をセットにして行ないます。やっていくうちに、ウサギが「ワンワン！」、ゾウが「ピーピー」と鳴いてしまうかも。もちろん、それはだめですよ。でもウサギって何て鳴くのでしょう？？？ 考える間もないほど、テンポよくやっていくことが、より楽しむことにつながるようです。（Chika）

199 流星雨
GLOBAL BALL

「手も使わず、足も使わずに、そこにあるボールを相手ゴール目指して移動させよう！」「えー、どうやって？」「手にしているボールを当てて、動かすのです。さあ、ねらいを定めて、まずはやってみよう」と、ボールにボールを当てて、移動させるゲーム。

動かすボールは、ビーチボールくらいの軽い物がいいでしょう。一方の当てるボールは、安全上の配慮から、手に持てる大きさのゴムボールもしくはフリースボールがいいでしょう。なぜなら、流れ弾に当たった時の痛さを考えると、柔らかい方がいいと思うはずです。1人3〜4個ずつ持ってはじめてください。途中、落ちているボールを拾って何度投げてもよいです。チーム対抗で、サッカーのように相手ゴールを目指すのもよし、もしくは、チームだけで、先にある目的地を目指すのもよしです。（しっしー）

200 ハバハバ！

　リーダーがある文字もしくは図形を発表し、短時間で、メンバーが床に寝転がってそのとおりに表現するゲーム。例えば、「漢字の『木』」と発表されたら、誰かが横棒となり、誰かが払いになるよう倒れこんだりします。なんせ短時間なので、打ち合わせをする間もなくバタバタと、イメージする線になるように倒れこむのに必死でしょう。

　あまり複雑な形では、うなるだけで、動けなくなってしまうので、適切に。設定はスカイダイビングの空中での図形作りですが、その数十秒間は、スカイダイビングのように華麗に描くイメージとは程遠く、実際にはベースに滑りこむかのように、必死に倒れこんでいくのが現実です。その必死さが実って、グループでうまく完成したら、それはそれで気持ちいいのですが、あうんの呼吸で動く連携プレーや、線が重なりそうになるのを瞬時に折り合いをつける協力する気持ちに気づくと、より達成感が違うと思います。（しっしー）

201 ハンドサッカー

HAND SOCCOR

　場所は、体育館が適しています。チームの向かい合った壁がゴールです。ゴールの範囲は、壁の高さや幅で設定してください。ソフトバレーボール、ビーチボールなど、柔らかめのボールを用意

します。題名のとおり、ボールは手だけ触れてよし、手ではじくだけのサッカー。得点が入ったら、センターから相手ボールで再開です。

　コートは体育館をめいっぱい使うので、はじに転がったボールも、壁にあたって跳ね返ってきたボールも誰かがすかさず拾い、競技は続きます。フウッと、息をつこうもんなら、ボールは、いつしかどこへやら…　足の速さなど関係ない、誰もがボールに触るチャンスのできるゲームです。（しっしー）

202　犯人は誰だ！

　「犯人・共犯者・探偵・その他の役割」を書いたカード引き、その役を演じきって、誰が犯人か当てるゲーム。

　役割は、本人しか知りません。全員うつぶせの状態からスタートします。まずは犯人と共犯者だけが顔をあげ、共犯者が真ん中に置いた柔らかい棒状の物を犯人に手渡します。渡された犯人は、突っ伏している誰かにタッチして、素早く伏せます。そのタッチされた被害者となる人は、「探偵さん、たたかれました」と、言ってください。さあ、そこ

からが探偵の出番です。起きあがり、探偵は早速捜査を開始します。「何か、ここらへんで、物音を聞きませんでしたか？」「被害者の声を聞きませんでしたか？」など、聞きこみ捜査で犯人を当てます。

　その他の役割の人は、いろいろと作った方がおもしろいでしょう。お喋り好きの主婦、赤ちゃん、犯人の報復を恐れて喋りたがらない人など。何も人間でなくてもいいので、犬とか猫となれば、聞き込みされて、泣き声とジェスチャーで、表現すれば、うけることまちがいなしです。（しっしー）

203　ヘビオニ
SNAKE IN THE GRASS

　立って歩ける人が這いずっているヘビに次々にやられていく、逆転のおもしろさが味わえる、ウォーミングアップにもなるアクティビティ。寝ころんでも平気な芝生の上が気持ちよいですが、体育館や大広間でもOK。ロープやコーンでエリアを決めますが、体育館なら引いてあるラインがそのまま使えます。草むらのヘビとして2人がボランティアで横たわり、残りの人はヘビの身体のどこかにタッチした状態から、誰かの「ヘビだ！」の叫び声でスタート。ヘビに触られた人は腹這いでヘビになり、立っている人に触れてヘビにしていきます。最後に残った人がヘビの群に追いつめられてゲームセットです。人数やエリアの広さに応じて最初のヘビの人数を増やしてもよいでしょう。1クラスでバ

ドミントンコート1面くらいのちょっと狭いなと感じるくらいがちょうどよい広さです。

　ヘビを踏んづけたり、互いにぶつかったりしないよう、安全に配慮することは言うまでもありません。（Chair）

204　何でもオニ
SOMETHING IN THE GRASS

　『ヘビオニ』に楽しい発想と動きのおもしろさを加えたもの。寝ころべる、ちょっと狭いくらいの決められた範囲とします。スタートの態勢は『ヘビオニ』と一緒。最初に寝ているボランティア以外の人がリーダーとなり、「何か見たよ」と声を出し、ほかの人は「何を見たの？」とたずねます。リーダーが「尺取り虫らしい」、みんなは「え？」、リーダーが「尺取り虫だ！」と叫んでスタートです。寝ていたボランティアの人は尺取り虫らしく動きながらタッチしていきましょう。バッタなら飛び跳ねながら、ゾウリムシなら…ゾウリムシの動き方？　それはボランティアの人のオリジナルでOKです。楽しいお題を思いついた人がリーダーを交代してもよいでしょう。

　『ヘビオニ』よりもディ・インヒビタイザーの要素が強くなるので、『ヘビオニ』でアイスブレイクできたところで、すかさずこのアクティビティへ移行するもよし。そのときは途中で「ヘビらしい」を入れると、『ヘビオ

ニ』のときのヘビとは動き方が同じ???

　寝ころぶボランティアが何を演じるのかわからないので、チャレンジレベルが高くなりすぎると感じるときは、あらかじめボランティアがお題を決めておく「何か見たでしょ」バージョンもよいでしょう。ボランティアが「何か見たでしょ?」、みんなは「何を見たっけ?」、ボランティアが「ネズミだったかな」、みんなは「え?」、ボランティアの「ネズミだ!」でスタートという具合です。（Chair）

205　ヘビくぐり

　グループ全員が両手をつないで1匹のヘビになります。縦一列に並んで右手を前に、左手をうしろに出して、前後の人と握手をするとできますね。さあ、ヘビの活動開始です。手をつないだまま、先頭の人は後ろの人との間をくぐり抜けます。その後ろの人との間、さらに後ろの人との間とジグザグにつながって進んでいき、しっぽまで順に進みます。そのまま全員が通り抜けると、反対向きになりましたね。めでたしめでたし。

　腕がねじれて痛いときは無理せず、手のひらをすべらせるようににぎり直します。手でつながっている一体感を味わえることと、全員で動いたときにそうした配慮に気づくことは大切なポイントとなります。

　場面設定は、自分の背骨がいくつあるか確かめるとか、自分の肌（ウロコ）が傷んでいないか見て回るなど状況に応じて。

心配症のヘビだと一度しっぽまでいっても、また順番にくぐって再びしっぽまでいってしまいます。なんだか見落としがありそうなので、またジグザグにと、永遠に続くことに。（Chair）

206 情報戦争
IMPULSE 対戦型, INSTANT IMPULSE

同じ人数の2組に分かれ、2列で向かい合って座ります。それぞれ手をつないで目を閉じますが、各列のスターター側の端の人だけは目を開き、ファシリテーターのコイントスで表が出たら、「ギュッ信号」を送ります。列の反対側の端の人は、「ギュッ信号」が届いたらすぐに目を開けて、2列の間に置いてあるボールを相手の列よりも早く取ります。ボールを取った人は列のスターター側へ動いてローテーションします。取れなかった列はそのままで、2回目を行います。これをくり返して、ローテーションが1周した組の勝ちです。コイントスでなく、袋から出したビー玉の奇数偶数でも、出したボールの色でも、サイコロの目が奇数か偶数かでも OK ですが、サイコロ10個の目の合計などの難題はメンバーの計算能力に応じて。スリルとスピード感に満ちたエキサイティングな活動で、大いに盛り上がります。

勝ち負けにこだわるあまり、目を開けたり、フライングをしたり、ボールの奪い合いでムキになったりする場面があれば、その事実に気づき、互いの安全やフェアな活動を考えるきっかけとなります。（Chair）

207 お笑いインパルス
FUNN IMPULSE

『インパルス(p.20)』の全身を使ったバリエーションです。まず、全員が輪になり、頭を内側にして仰向けになって寝ころびます。そして、左隣の人(右でも可、全員が同じ側に)のおなかが枕になるように頭を乗せてみましょう。準備完了です。インパルスでの手を握る「ギュッ信号」の代わりに、腹式呼吸でおなかをふくらませる「フー信号」を送ります。さあ、最初の人から信号を回してみましょう。ストップウォッチで時間を計りますよ。さらに、2組に分かれて直線的に並び、対戦型もできます。

実際に始めようとすると、くすぐったかったり、呼吸なのか信号なのかわからなくておかしくなったり、そしたらさらに信号がわからずに…信号を送る前からあちこちで信号が…そんな状況にみんなが笑い出しても、「さあ、みなさん、信号をどれだけ早く送れるかが課題です。そこ、笑ってないで集中して!」なんて声をはり上げてはいけません。そんなふうに仲間のおなかの上で楽しく笑えちゃうことが、このゲームの何よりのよさなのですから。(Chair)

208 インベーダー街道

スペースインベーダーというゲーム機をご存じの年齢層にはわ

かりやすい、インベーダーに捕らわれずに通り抜けるアクティビティです。足元の安全な場所ではっきりしたラインかロープで5mほどの横幅を示し、長さ10mほどの通路を設定します。最初、2人のボランティアがインベーダーとなり、目を閉じ、腕を広げて、通路を通れないように左右に動きます。残った人は地球人で、インベーダーにタッチされないように通路の向こう側へ行ったり来たりしますが、タッチされた人はインベーダーになってしまいます。走ったり、腕を振り回したりは、安全確保のため宇宙条約で禁じ手です。何度かくり返すうちに、通路にはインベーダーがあふれてきますが、生き残った地球人はその中を果敢にすり抜けて生き延びようとします。

　最後は全員インベーダーに捕らえられるという設定ではネガティブとあれば、浄水器のフィルターを強化しておいしい水を作るとか、コンピュータウイルスとワクチンのせめぎ合いなどとしてもよいでしょう。通路の幅や長さもグループの状況に応じて調節を。（Chair）

209　レプリカ
INSTANT REPLAY

　内側を向いて輪になり、1人が披露した動作を全員でまねる、単純なウォーミングアップのアクティビティです。『ネームストレッチ』のバリエーションともいえます。ウォーミングアップにふさわしいストレッチを順番に行うようにしてもよいでしょうが、単に楽しく、思いついたポーズでもよいでしょう。黙ってやると妙な雰囲気になるので、ストレッチだと伸ばす部位とか、好きなポーズならそれにマッチするセリフなど動作と声を一緒にやると愉快なものに

なります。とはいえ、たいていは自然に声が一緒に出ていますが。

ポーズについては、好きなこと、今の心境、恥ずかしかった思い出など、グループの状況に応じたテーマを設定して互いの理解を深めることもできます。動作を披露する順番も最初の人から時計回りなどとするか、チャレンジ バイ チョイスで披露したい人からやるか、グループの状況とねらいによりますね。（Chair）

210 いわしオニ

SARDINE

2004年グランドオープンした新江ノ島水族館の目玉のひとつは8,000尾のイワシが泳ぐ大水槽だとか。こうしたイワシが群れを作る習性から名付けられたアクティビティです。数人のボランティアを募り、1分以内に（この時間は臨機に）どこかに隠れてもらいます。1分たったら、残りの人は隠れている人を探し回り、隠れている人を見つけたら、ほかの人に気づかれないように同じ場所に隠れます。最後の1人が無事に隠れられたら終了です。普段のかくれんぼでは味わえない、一緒にじっと隠れ

ているときの気持ちや「早く見つけてほしい」というワクワク感を、ぜひ共有したいところです。

　隠れられる場所が必要なので、体育館やグラウンドは不向きです。また、校舎内すべてとか、3階だけなど隠れてよい範囲と、隠れてはいけない場所（理科室はダメとか）を最初に確認しておきます。（Chair）

211　ジャンクリレー

　あらかじめ用意されたものを、グループで協力して、こちら側から向こう側へ運ぶ、というゲームです。協力ゲームでもあり、チーム対抗の競争ゲームにもなります。

　参加者を5〜6人のグループに分けます。用意するものは、フリースボールやぬいぐるみなどを1グループにつき5〜6個。ぬいぐるみを置くフラフープを各グループ2個ずつ。用具はそれぞれイラストのように配置します。

　さて、ゲームの内容は、「スタート側のフラフープの中の『もの』を、すべてゴール側のフラフープの中に移す」ことです。

　ルールは、①一度に1つのものしか運べない（1つのものがゴール側のフラフープに入って初めて次の「もの」をスタート側のフラフープから出すことができる）。②1つの「もの」をスタートのフラフープから出してゴールのフラフープに入れるまでの間に、チームのメンバー全員

が必ず一度はそれに触っていないといけない、の2つです。

　以上2つのルールをもとに、チームで運び方を工夫して、いかに速くすべての「もの」を運びきるかを楽しむゲームです。チーム対抗で行うと盛り上がって楽しめることと思いますが、勝ち負けだけにこだわるのではなく、運び方のアイディアや協力の過程などを大切にしたいところです。

　ちなみに「ジャンク」とは「がらくた・くず物」という意味なので「危険な廃棄物をできるだけ速く廃棄物処理場に運びましょう」という設定にしてもよいでしょうし、あるいは逆に「宝物」という設定で、「今宝物をおいている島がまもなく海に沈んでしまいます。沈む前に、別の島へ移動させましょう」という設定にしてもよいでしょう。楽しい、やる気が出る状況を設定して投げかけてみてください。（高Q）

212　人物カルタ

　ある程度のなごやかな関係ができているときの、少人数での爆笑ロールプレイングゲームです。

　用意するものは、はがき大の板目紙カード（トランプの神経衰弱のようにカードを使うので外観では区別のできないように同じ大きさにします）とサインペンを人数分。

　カードを1枚ずつ全員に配り、他人に見られないように「人物描写」を記入します。具体的には、「弱気」などの性格的なことでもいいですし、「衰弱しています」などの状態や心境でもOKです。書き終わったら内容がわからないようにウラにして集めてシャッフルし、また、全員に配りなおします。配られたカードを他人には見られないように確認して、そこに書かれている「人物描写」を演じ、自分に配られたカードには何が書かれているのかを周りから当ててもらうのがゲームのやり方です。ただし、自分が書いた「人

物描写」が演じられている時は発言できません。また、書いた本人にカードが配られてしまうこともありますが、交換しないでそのまま演じるようにします。

　大人の場合は「忘年会について」とか「秋の慰安旅行について」、高校生の場合は「文化祭のクラス企画について」など、参加者の属性に合った架空のテーマで話し合いをしながら、ロールプレイを行うようにします。経験上、「睡眠不足」「謎の外国人」から「下痢です」「仮死状態」までいろいろとありましたが、くれぐれも暴走しないように。（諸さん）

213　横切りオニ

　『2人オニ（p.2）』の応用編です。

　オニと逃げる人を決めます。オニはオニの目印を持ちます。その2人以外は適当に散らばって立ち、人間の林を形成します。

　オニと逃げる人はオニごっこを始めます。『2人オニ』の応用編なので、歩く速さのオニごっこです。人間の林の間を逃げたり追ったりしますが、今まで林の木だった人がオニと逃げ手の間を横切ったら、その横切った人が新たな逃げ手となり、今まで逃げていた人は立ち止まって林の1人になります。つまり突然逃げ手がチェン

ジできるというオニごっこです。人数が多い場合には、オニと逃げ手のペアを増やします。

逃げ手がタッチされたら、『2人オニ』のルールに基づいて「3回まわってワン!」などのイニシエーションを経て新たなオニとなり、今までのオニは素早く目印を渡して今度は逃げ手になります。「今までオニだった人が今度は逃げ手になって休む間もなく追われるなんて、あんまりだ!」と、普通はここで果敢に横切って逃げ手を代わる人が現れるものですが、説明が不十分で参加者がよくゲームの内容をわかっていないと、2人だけのオニごっこが延々と続くことになります。

また、じっとしていれば、いつまでたってもオニごっこには巻き込まれません。逆にいえば、リスクのある活動に積極的に参加する姿勢ができてきたかどうかということが、このゲームからは観察することができます。(バード)

214 靴おくり
PASS MY SHOE

まず、次の言葉を声に出してリズミカルに読んでみてください。
I pass my shoe from me to you.
(アイ パス マイ シュー フロム ミー トゥー ユー)
I pass like this. I'll never miss.
(アイ パス ライク ディス アイル ネバー ミス)
このゲームは、この言葉にあわせて自分の前の靴を右隣におくるというゲームです。

みんなで輪になって座ります。次に、靴を脱いで、自分の前に揃えて置きます。あとは、イラストを見ながらいきましょう。

①「アイ」で、自分の前にある靴を両手でつかむ。②「パス」で、左手でつかんでいる靴を自分の右足の前に、右手でつかんだ靴は右隣の人の左膝の前に置きます。つまり、右方向に、脚1つ分ずらして靴を置いていくことになります。③「マイ」で、また自分の目の前に来ている靴をつかむ。④「シュー」は②、「フロム」は③、「ミー」は②、「トゥー」は③、「ユー」は②をくり返します。

⑤2つめの「アイ」で①は同じ、次の「パス」「ライク」「ディス」のところがちょっとちがう。「パス」で靴を右に脚1つ移動させるが手は離さず「ライク」で元に戻す。⑥そのあとの「ディス」は②、「アイル」は③、「ネバー」の「ネ」で②、「バー」で③、最後の「ミス」で②。

これを、何回かくり返していきます。初めはゆっくりいきましょう。そのうちにだんだんスピードをあげていってもよいでしょう。そうすると、やっているうちに何がなんだかわからなくなってくることもあります（というよりも、たいていはそうなります）。

この活動は、みんなでそろって成功させることをねらいとしてもよいし、また訳がわからなくなって、グチャグチャになるのをみんなで楽しむ、ということでもよいでしょう。

ちなみに英語の言葉の意味は、「さあ、靴まわそう、ぼくから君へ。こうやるんだよ。間違えないよ」（高Q）

215 靴合わせ
SHOE FACTORY

①みんなで輪になって立ちます。②みんな靴を脱ぎます(両方とも)。③脱いだ靴をすべて輪の真ん中に集めます。④その中から自分のもの以外の靴を左右1つずつ取り、履きます。右と左、それぞれ同じ人のではないもの。また、革靴とか何万円もするような高価な靴の時、あるいは自分の脚に比べて取ってきた靴が小さくて入らない、無理に履こうとするとかかとを踏んだりしてよくないかな、というときには、状況に合わせ「履いているつもり」の形など工夫して、うまくやってください。これで準備OK。さて、ここからが活動です。

「靴を揃えてください。」

右足と左足、それぞれ別々の靴を履いていますね。その靴を履いたまま、それぞれのペアを捜して、靴をそろえていって欲しいのです。全部の靴をそろえることができるでしょうか? チャレンジしてみてください。(高Q)

216 トニー谷
レモネード, WHAT'S YOUR TRADE?

チーム対抗のジェスチャーオニごっこです。

2チームに分かれて先攻後攻を決めます。約15m離れた平行線に向かい合って、準備完了です。

それぞれ大股で2歩ずつ前進しながら、

先攻：Here we come!（参上！）
後攻：Where're you from?（どこから？）
先攻：●●！〈ここで地名を言います〉（●●だ！）
後攻：What's your trade?（何をもってきた？）
先攻：You guess!!（当ててみろ!!）

ここで、先攻は、前もって打ち合わせておいたことをジェスチャーで演じます。後攻は、何のジェスチャーをしているかわかったところでそれを叫びます（矢継ぎ早に）。それが当たりだったら、先攻は自陣（スタートラインの向こう）に向かって逃げます。後攻は、逃げる先攻を捕まえます。捕まった人は相手チームの一員となり、後先変えて2回目を行います。

バリエーションとして、ジェスチャーを見て後攻チームはそれが何か相談をします。それを、「せぇーの」で発表します。それが正解だったら、先攻が逃げ、後攻が追う。もし外れていたら、後攻が逃げて先攻が追う。こうすると、ジェスチャーする先攻側はいつも逃げ腰、ということを防げます。
（高Q）

217 玉つきオニ
LOOSE CABOOSE

2人で腕を組んだりほどいたりしながらの、歩く速さのオニごっこです。オニと逃げ手のほかは、2人組で腕を組んでいる状態からスタートします。オニと逃げ手の人は歩く速さのオニごっこをしますが、逃げ手の人はつかまりそうになったら、近所の腕組みペアに「ガッチャン」と言いながら、勝手に連結してしまいます。連結さ

れたペアの反対側の人は、腕組みをほどいて新しい逃げ手にならなくてはなりません。オニにタッチされたら、オニと逃げ手は役割を交替します。

　全体の人数によって、最初のオニと逃げ手の数を複数にします。連結のときに大きな声で「ガッチャン」と言うことを忘れずに。（諸さん）

218　惑星旅行

MERGERS, STAR WARS

　ようやく民間人も自由に惑星旅行ができるようになりました（室内を自由に歩行）。しかし太陽系には少々危険な場所もあるのです…言ってるそばから前方に隕石が！「隕石がきた」というリーダーの声を聞いたら宇宙空間をさまよっていると大変危険ですので各自最寄りの星（床に置かれたフープやロープの輪）に「不時着」しましょう。その際にはしっかり足がはみ出ないように着陸してください、それ

が惑星旅行のルールです。リーダーが避難勧告を解除したらまた自由に惑星旅行を再開します。しかし気づくと「不時着」できる星の数が次第に減ってきます（リーダーが適宜フープやロープの数を減らしていき、最終的には全員が立っては入れない大きさの輪を1つだけ残すのです）。最後にみんなが助かるためにはどうしたらいいのでしょうか？（みど）

219 ネズミ取り

　私の免許はゴールド免許、無事故無違反。いつもトロトロの運転で、東名高速の追い越し車線を走ったことがありません。御殿場手前で分かれる下り右レーンは生涯通行することはないでしょう。記録上は無事故ですが、コンビニ駐車場の支柱とか、内輪差のブロック塀とか、トレーラーの後ろの鋼鉄バンパーとか、だめなんだな、これが。ついつい吸い寄せられちゃうんだな。なぜなんだろ、どうしてなんだろ。でも、スピード違反はしたことがありません。ということとは関係なく、さて、本題。

　2人がロープの両端を持って、並んでいる人々めがけて、ドドッという感じで、ワァ〜とか叫びながら走っていきます。低いのは軽いジャンプでクリアできる高さで、高いのはちょっとしゃがむだけでかわせる高さの2種類で、腰の高さなどはなしにします。ひっかかっちゃった人がオニと交替です。

　人数的には無限ですが、あんまり長い列になっても遠くの方で何をやってんだか、に

なってしまうので、しらけない程度で。(諸さん)

220 人間コンベアー

　コロを使って大きなものを移動させる動きを、人が真似て遊ぶゲームです。

　チームの中の1人を、自分たちが寝転んで作ったコロの上を転がして、目的地へ移動させます。コロは上に乗せた人が通過したら、次々に列の先頭に先回りし、コロがとぎれないように寝転びます。そして目的地に着くまで、この動作を何度でもくり返します。コロの上に乗って運んでもらうのも気持ちがいいし、コロになって寝転んでゴロゴロしているのも気持ちのいいゲームです。

　コロとコロの隙間が空いてもうまく進まないし、コロの回転するスピードが違っても、うまく進んでくれません。簡単なようですがチームワークを求められるゲームです。チームの人数が多すぎると意味もなくゴロゴロ転がっている時間が長くなり気持ち悪くなるので1チーム10人くらいが適当でしょう。

　性差を考慮してコロの上に乗る人は仰向けがいいでしょう。さらにコロの先回りが遅れて落ちた場合の安全を考慮し進行方向は足からとします。
(TAKABO)

221 人間ジャンケン

5人組になったチーム全員で、体を使ってジャンケンするのを楽しみます。手をつないで対戦相手のチームと向かい合います。「最初はグー」の掛け声で全員座ったところからゲームが始まります。チーム5人全員立てば「パー」、全員座れば「グー」、2人立てば「チョキ」です。

「あいこ」になることも考えて、あらかじめ何回分か出すものを考えておくとゲームがスムーズに流れます。(TAKABO)

222 ヘビの巣

SNAKE PIT

見えないルートを外れたら「ブッブー!」の声でやり直し、の課題解決ゲームです。

画用紙や紙皿などを使って、6×6でコースを作ります(枚数は対象によって適宜変えてください)。リーダーは、あらかじめルート図を用意しておきます(イラスト右)。このルートは、参加者には知らされません。このゲームの課題は、リーダーの用意したルートを探

し当て、全員がそのルートを通り抜けることです。コースに入っている人以外がルートを教えることもできます。

全員、一番下からスタートします。コースに入れるのは、一度に1人だけです。リーダーは、その人がルートにはないところに足を踏み入れたときに「ブッブー！」と言い、間違いを知らせます。「ブッブー！」と言われた人は、コースから出て次の人に交代をします。順番を決め、全員が交代で参加できるようにします。

ちなみに、進む方向は前・後・右・左。始めは前と右・左だけ、と限定すると、チャレンジレベルをやさしく設定することができます。（高Q）

223 王様陣営

チーム対抗の、ジャンケンゲームです。

2チームに分かれ、相手チームの人とジャンケンをしていきます。負けた人はその場でしゃがみます。このようにして、最後まで残った人のいるチームが勝ちとなります。ただ、ゲームの最初に、相手チームにはわからないように、自分のチームの王様を決めておきます。その王様は、ジャンケンに負けてしゃがんでいる自分の仲間の頭を触ることで、その人をゲームに復活させることができます。

どちらかの王様がジャンケンで負けたところでゲームはおしまい、というのもありでしょう。王様もジャンケンをいどまれたら勝負しなくてはいけません。（高Q）

224 ドラキュラ

MONARCH

1人のドラキュラキングが仲間を増やしていくゲームです。

ドラキュラは血を吸うことで仲間を増やしていきますが、ホントに噛みついちゃったらシャレにならないので、フニャボールをぶつけることで噛みついた代わりにします。

途中、誰がドラキュラで、誰が生き残りの人間かわからなくなってくるので、ドラキュラキングは「チェック！」と宣言します。この声で、全員中断してその場で止まり、ドラキュラは人を襲おうとするドラキュラポーズ、生き残りの人間は逃げ惑う人間ポーズをとります。確認したら、「ゴー！」と宣言して再開します。

キング以外のドラキュラはボールを持っての移動はできないので、パス・キャッチ・シュートだけです。もちろんボールがなければ移動できます。ドラキュラ以外の人間は逃げ回るだけで、反撃も抵抗することも、ドラキュラになった人が人間に復活することもできないので、ドラキュラはどんどん増えていきます。（KENさん）

225 五目ヤキソバ

NAME5

人数は10〜15人程度が最適でしょう。オニになる人を1人決

めて、その人を中心に輪になります。オニになった人は手頃なボールを持ちます（ボールの大きさは適当に）。オニは輪の中から1人選んで（目が合った人など）、お題を出すと同時にその人にボールを渡します。渡された人は「受ける」または「受けない」を選択できます。①「受ける」ときは「受ける」と宣言してボールをオニに返します。オニはすぐさま受けると宣言し

> え〜っと、麦茶、ウーロン茶紅茶…

た隣の人にボールを渡し、ボールを回してもらいます。後は宣言した人が5つのものの名前を早く言うか、ボールが一周するのが速いか競争です。②「受けない」ときは「受けない」と宣言してすぐさま自分でボールを回し始めます。後はオニが5つのものの名前を早く言うか、ボールが一周するのが速いか競争です。

お題は「さかな」「動物」などの簡単なものより、「コンビニの名前」とか「山のつく県名」など、出そうで出ない微妙なものにしましょう。身近にあるもの、マニアックなもの、それを選ぶのはあなた次第です。（けんぽこ）

226 チーム対抗五目ヤキソバ

『五目ヤキソバ』のチーム対抗バージョンです。まず、グループを2つ作ります。道具はフラフープが1つです。チームができたら先攻・後攻を決めます（順番は代わりばんこになるので、円満に

決めましょう)。先攻になったチームは、相手が答えられそうにないお題(5つ以上あるもの)を話し合います。このお題がポイントです。「答えられそうで答えられない」というあたりを選ぶことができればゲームが盛り上がると思います。決まったらお互い一列になり、先攻のチームは手をつなぎ、先頭の人がフラフープを持ちます。そして、お題を言うと同時に、先攻チームがフラフープをくぐり始めます。後攻のチームがみんなでお題の答えを5つ言うのと、先攻のチームが全員フラフープをくぐり終わるのと、どちらが早かったか？これをくり返します。野球と同じように先攻・後攻平等にやりましょう。(けんぽこ)

227 生態系

オニごっこ系ゲームのひとつ。全員がジャンケンのグー・チョキ・パーの3種類のどれかのオニになって「三つ巴」の関係を維持することを考えながらやるオニごっこです。

「最初はグー、ジャンケンポン！」で、出した手のままでオニごっこをします。ジャンケンの勝ち負けの関係で、「追いかける・逃げる」の関係が決まっています。パーの人はグーを追いかけて、チョキからは逃げる、といった具合です。相手にタッチされたら、その場にしゃがみ込んで動けなくなります。ただし、パーの人がグーの人

を絶滅に追い込むと、自分の天敵であるチョキの天敵グーがいなくなってしまいます。そこで、動けなくなったグーの人をパーの人が「よいしょっ」と立たせることで、グーを再生させることもできるのです。このことに気づかずにタッチするおもしろさだけに集中していると、自分のグループを自滅させかねなくなります。

　安全のために、行動範囲を決めたり、追いかけるスピードは歩く速さに設定します。

　ゲームのタイトルどおりに、共生する生物の生態系維持のメカニズムを題材にして、自分のことばかりでなく周囲の状況の観察や、洞察することの大切さなどのふり返りにつなげることもできます。
（たけちゃん）

228　赤痢菌

　赤痢菌に汚染された井戸を保健所の職員が特定するという推理ゲームです。

　2チームに分かれて、井戸水を飲む動物チームと、その様子を観察して推理する保健所チームになります。バケツをたくさん用意し、井戸とします。そのバケツの1つには赤痢菌の目印となるものを入れておきます。保健所チームはバケツの中が見えないところで、遠巻きに観察します。井戸水を飲むチームは、両手両足で移動しま

す。1人がいくつかの井戸水を飲み（バケツをのぞき込み）、赤痢菌に汚染された水を飲んだら、そこから3つめの井戸水を飲む前に倒れることとします。全員が倒れたら、保健所チームは、相談を始めて、どの井戸水が赤痢菌に汚染されているかを発表します。

　チームを交代して2度目を実施します。要領がわかったところで、汚染された井戸の数を増やすと、難度があがり保健所チームにも緊張感がただよいます。

　それぞれのチーム、立場で、どんな作戦・方法を考えたかなどを分かち合って、いろいろな考え方があることをふり返るのもいいでしょう。（たけちゃん）

229　自転車操業

SHARE THE WEALTH

　4チームに分かれて、自分のチームにある品物がなくなるまでほかのチームに配り歩く（走る）、ハーハーゼーゼーのハードなゲームです。

　20人程度を4チームに均等に分けます。1辺が10m程度の正方形になるように、地面（床）にフープを置いて、それぞれのチームの陣地とします。フープの中には3個の品物を置きますが、それぞれ種類の違いがわかるようにしてください。例えば、ボール系、ぬいぐるみ系、リング系などといった具合に。

チーム全員はフープの外側に待機します。「ヨーイ、ドン」でメンバーの1人が、品物を1個もって、他のチームのフープに置きにいきます。他の3つのフープのどこに置きにいってもかまいません。当然他のチームも自陣のフープに品物を置きに来ます。他のフープに品物を置いたら、自陣に戻って、次のメンバーとタッチして交替します。リレー形式で続けるので、リレーの順番を決めておいてください。

　ゲーム終了の方法は二通り。1つは、自陣の品物がすべてなくなった瞬間、そのチームが勝ちで終了。もう1つは、どこかのチームに同系統の品物が4つすべて集まったら、そのチームが負けで、ゲーム終了です。

　早く終わらせるために、全力で走る？　それとも様子をうかがって、漁夫の利を得る？　いろいろな作戦が出てくることでしょう。（たけちゃん）

230　ワナナ

SILLY VEGGIES

　内向きの輪になって、1人ずつ野菜や果物の名前を大きな声で2回叫びます。他の人は、これを復唱します。野菜の名前を言うときの条件は、「歯を見せないで発音する」ことです。他の人が復唱するときに、歯を見せたり、笑ったりしたらアウト！

　「歯を見せないように発音する」というのは、口をすぼませたり、

唇をくっつけたまま発音することになるので、発音が制限されることになり、何の野菜の名前を言っているのかわからず、おかしな単語を発音しているように聞こえるのが、思わず吹き出してしまうこのゲームのみそです。（たけちゃん）

231 ワナナでキングフロッグ
SILLY VEGGIES PATCH

カードゲーム「大貧民」のアクション編、『キングフロッグ』のさらに『ワナナ』です。

輪になって、1番の席を決めます。各自が他の人と同じにならないように、野菜や果物を決めます。1番の席の人から、まず自分の農作物を言って、続けて誰かの農作物を言います。自分の農作物を言われた人は、自分の農作物を言って、リズミカルに続けて誰かの農作物を言います。農作物を言うときの条件は『ワナナ』と同様に、「歯を見せないで」です。歯を見せたり、笑ったりした人はアウトで、1番下座の席に移動し、それより上の人は順次隣の席にくり上がって移動します。移動した人は、自分の野菜ではなく、移動した先の野菜を担当します。移動があった後は、また1番の席の人から再開します。（たけちゃん）

232 うずまき
SPIRALS, VORTEX

1列になって全員で手をつなぎ、リーダーが先頭になります。手をつないだままリーダーが先導してゆっくりと歩きます。直進して直角に曲がったりジグザグに蛇行したり、しばらく歩いて、全体が慣れてきて「次は何かな？」の気分になったころに、グルグルと渦を巻いて中心に向かいます「このままではまずいんじゃないの。行き詰まっちゃうんじゃないの」と全体に思わせてから反転して渦の外側に向かうとあら不思議…。すれ違う列車のように全員が顔を合わせながら、なんだか楽しい気分で無事に元の列にもどれます。

幼稚園児や小学校低学年ではこれだけでも十分に楽しい活動です。成人に対しても、ちょっと集中を要するようなゲームの前のウォームアップとして『うずまき』をすると、このささいな緊張と弛緩が次のゲームへの前向きな態度につながるから不思議です。（諸さん）

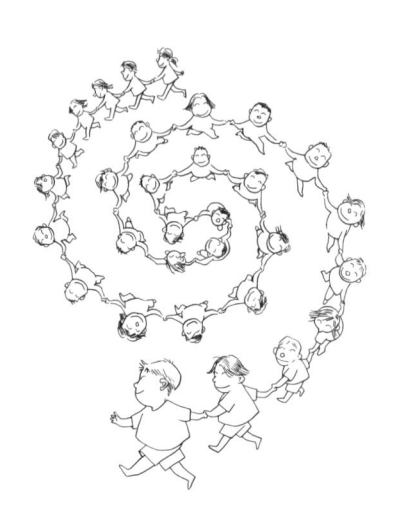

233 もしも

かぐや姫がもし男だったら…、あなたはどう思いますか？

昔話を聞きながら、男だから、女だからといったみんなの心の中にある「先入観」を再認識する、マジメ系アクティビティ。

誰もが知っているおとぎ話や昔話の登場人物を、男性なら女性に、女性なら男性に書き換え、それらしい名前を付けておきます。

【かぐや姫→竹の子太郎？】竹の子太郎は、美男子に成長し、その美貌が知れ渡り、求婚するおなごが次々にやってきました…「私は月に帰らなければなりません。」

【桃太郎→桃姫？】桃から生まれた桃姫は、おばあさんが用意してくれたきび団子を持って、鬼ヶ島へ鬼退治に出かけました…

お話を聞いたあと、なぜこの話がおかしいのか、どこが違うのか、なぜ違和感があるのかなどを話し合います。最近はあまり聞かなくなりましたが、「おとこのくせに」「おんなだてらに」といった、一面的な見方による発言で傷ついたり傷つけたりといったことはなかったかなど、みんなで話し合ってみましょう。
（とみー）

234 水族館

このゲームは、水槽の魚たちにエサをやるとき、水槽のガラスをたたくと魚たちが寄ってくるのを見て考案されました。

まず、魚たちのエサとして人数の半数のボールを用意します。ビーチボールやソフトバレーボールが適しています。

リーダーは、「エサだよ〜」と言いながらボールをコロコロと転がしていきます。エサが投入されたら、参加者は任意の2人組を作ってお互いに片手で挟んで支えます。そのときに、自分はカニ、エビ、魚のいずれかを心の中で決めておきます。次に、リーダーが水槽のガラスをたたくという意味で、室内なら床を強く踏みならし、屋外なら鳴り物をならすなどします。そう、タンバリンでもカスタネットでも笛でも好きなものをお使いください。

　その音を聞いた水槽の中の魚たちは、カニは左右に、エビは後方に、魚は前方に素早く移動します。2人の息が合って、ボールが落ちなければ無事にエサをとることができましたとさ。（とみー）

235　すきま産業

部位と部位

　あらかじめ、体の部位と部位の書かれたカードを多めに用意しておきます。といっても何のことだかわかりませんね。カードには、「手と頭」「ヒジとヒザ」など、体の部位と部位が書かれています。

　参加者を5〜8人程度のグループに分け、代表を決めます。各グループの代表は、リーダーが裏返して積み上げたカードを順番に引いていき、カードに書かれた部位と部位をメンバーに指示します。メンバーがそのカードを指定された部位に挟んで落とさないことを確認したなら、代表はまた次のカードを引きにいき、これをくり返します。カードを床に落としてしまったら、そのグループはそこで終了です。さて、何枚の

カードをスキマに挟むことができるでしょうか。

　リーダーになったあなたは、目の前のカードが減っていくたびに各グループがくり広げる不可解な人間模様を、もれなく楽しむことができるでしょう。もちろん、関節をひねったり、ほかの人の体重を受けたりしないよう、安全に配慮してください。（とみー）

236 あんたがたどこさ フォークダンス編

　ご存知、「あんたがったどっこさ」のリズムに合わせて、みんなでフォークダンスのように手をつなぎながら回ったり、体をたたいたりして遊ぶゲーム。キャンプファイヤーなどにおすすめ。

〈その１〉

　①みんなで手をつないで輪になる。②「あんたがったどっこさ」の歌を歌いながら楽しく回る。③「…どっこさ」の「さ」で逆まわり。④その後、ことごとく歌詞の途中に潜む「さ」が出たらまた逆回り。（煮てさ、焼いてさ、食ってさの部分がなんともおもしろい。フットワークが大事！）

〈その２〉

　①〈その１〉と基本的に一緒。「さ」の逆回りにプラスしてしゃがむ動作が入る。（そこはリズミカルな筋トレスクワット場と化す）

　②その他、応用編として逆回り＋ジャンプやいろいろなポーズ

（命！など）がある。お試しあれ。

　女子・男子で手をつなぎたがらなくなるお年頃の場合には、女子と男子の間にリングバトンやハンカチなどを使って輪になるなど配慮をしてあげましょう。（ハイジ）

237　あんたがたどこさ　ドリフ編

〈その1〉

　イラストを参照下さい。

〈その2〉

　①〈その1〉と基本的には一緒。「さ」の部分で次の動きに行くのではなく、1つ戻る。（あんた、がった、どっこ、「さ」の部分の動きは、右手で左肘をたたく〈その1〉の3の動きと同じになる）

〈その3〉

　①〈その1〉や〈その2〉の動きと基本的には一緒だが、これを仲良く肩を組みながら、2人でやるのがリミックス。つまり、右側の人は右手、左側の人は左手しか使えません。そう、2人は一心同体。

　〈その3〉のリミックスバージョンに〈その2〉の「さ」で1つ戻る動きを加えると、それはそれはすごいことになります。これは、だいぶ難しいので、自主練の時間をたっぷりあげましょう。（ハイジ）

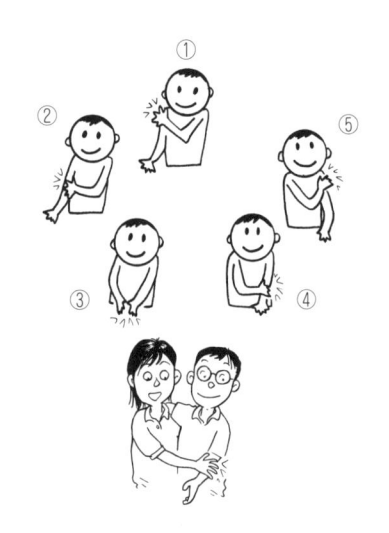

238 タコヤキ焼けた

　少人数向けのしりとりゲームです。円形に並んでイスなどに座ったら、両手をパーにして各自のヒザの上に置きます。最初の人を決め、パーにした手を一文字として数えながらしりとりをしていきます。「リンゴ」ならば3文字なので3つ目のパーをグーにします。これでタコヤキが1個焼けました。隣の人へ順番に「ゴリラ」「ラッパ」「パンツ」と進めながら、うまくコトバを選んですべてのタコヤキが焼ければ成功です。焼けているタコヤキのところで止まってしまったら、タコヤキはこげてしまい、もう一度パーに戻し焼き直します。

　タコヤキが2個焼けた人から抜けてしまったら？　こげたらチョキにしてイカ焼きに化けてしまったら？　などなど、楽しいバリエーションも考えられそうです。（とみー）

239 名探偵コイン

UP NELSON

　このゲーム集の中ではめずらしく、テーブルに着席してのアクティビティです。ちょっとしたミーティングのアイスブレーキングなどに向いています。

　チームを2つに分け、テーブル越しに対座します。先攻と後攻を決め、後攻チームの誰かが相手チームにわからないように1枚のコインを持ちます。後攻チームの他のメンバーも全員が手をテー

ブルの下に隠し、スタートの合図とともに、相手チームに気づかれないよう、コインを手から手に渡していきます。

　先攻チームは誰か1人キャプテンを決めます。ゲームが始まったら、全員で後攻チームの様子をよく観察します。

　キャプテンは頃合いを見計らって「アップ！」と号令をかけます。その瞬間後攻チームは全員手をテーブルの上に出して両肘をテーブルにつき、次のキャプテンの「ダウン！」という合図とともに両手のひらをテーブルにたたきつけます。その一連の動作の中で、誰のどっちの手の中にコインがあるか当てるというゲームです。

　気づいた人が即座にコインの所在を当てるよりも、チームで相談して解答を出した方が、アイスブレーキングとしての効果が期待できるでしょう。（バード）

240　シェルター

UNDER WHERE?

　狭い範囲に全員が乗るイニシアティブが『乗ってるかい？』、全員で乗っている毛布を降りずに裏返すのが『魔法のじゅうたん』。それではというわけで、シーツや毛布の下に全員が隠れるイニシアティブがこのゲームです。人数に合わせて、毛布

やシーツ、ブルーシート等を用意します。全員でその下に隠れて、外からまったく見えない状態を作るというのが課題です。シーツやシートの縁が完全に床についていれば、外からは見えません。そういう状態をいかにして作るかということになります。

　シーツの下ですごい格好をしながらアイディアを出しあう、妙に盛り上がるゲームです。（バード）

241　3人4脚サッカー

　12人以上が望ましい。場所はスペースがあればどこでも構いません。3人4脚になりましょう。ゴールを決めて、ビーチボールを2〜3個用意して始めましょう。あっちのボールも気になります。こっちのボールを蹴りたい人もいます。

　時間を区切って数分間やって、ルールやコートの広さを変えるのもよいかもしれません。終わったら、どんな気持ちだったか・何を考えたか・どう行動したか…3人でふり返ってみましょう。4人5脚でももちろん構いませんし、誰かに目隠しをしてもらうのもコミュニケーションをふり返る上では効果的かと思われます。安全には十分配慮した説明をお願いしま〜す。（nino3）

242 お家を描こう

座学的なワークショップの開始時のアイスブレーキングなどにいかがでしょう？

3〜4人を1グループとして行います。紙1枚と鉛筆1本を配布し、ノンバーバルだと伝えましょう。4人で1本の鉛筆を持ちます。それから、「おうちの絵を描いてください。どうぞ始めてください」というと何かが始まります。

大体描けたところで「残り30秒でお願いします」などと区切り、終了。今までしゃべらずに我慢していたことも手伝って、みんなお互いに話を始めます。どんな順序で何がおきたのか？ その時々、あなたは何を考え、どう感じたのか？ そしてどうしたのか？ あるいはどうしたかったのか？ またはなぜしなかったのか？…などをあらかじめ項目立てしてある「ふり返りシート」を使って進行してもいいし、気楽に話してシェアするだけでもいいのではないでしょうか。それは、今後の活動や展開にどう繋げたいのか、あるいはとりあえず打ち解ける手がかりになればいいという「ねらい」で決まると思います。
(nino3)

243 思い込み

『お家を描こう』では、自分の家に煙突なんかないくせに、どう

して三角屋根と煙突をお約束のように描いてしまうのでしょうか。しかも、煙までたなびかせて。どうして、田んぼの田の形の窓を描いてしまうのでしょうか、そんな家には住んでないのに。

　同じように、「魚を描こう」にすると、どうして左向きの魚を描いてしまうんでしょうか。世界中の魚が左向きで泳いでいる訳じゃないのに。「坂道と荷車」にすると、なぜか荷車は坂を上ろうとして大汗かくのです。麦わら帽子とランニングシャツの夏休みの子どもも、折り詰めの寿司をぶら下げた酔っ払いも、唐草風呂敷の泥棒も、実際には見たことない。思い込みは恐ろしいですね。

　ちなみに、この『思い込み』は単なるコメントで、ゲームではありません。思い込みは、本当に恐ろしいですね。（諸さん）

参考資料

1) Jack Canfield, Harold C. Wells 著：100 Ways to Enhance Self-Concept in the Classroom. Prentice Hall, 1976.
2) Andrew Fluegelman 著：THE NEW GAMES BOOK. The Headland Press, 1976.
3) Terry Orlick 著：THE COOPERATIVE SPORTS & GAMES BOOK. Pantheon Books, 1978.
4) 佐野　豪著：ロープワーク手帳．山と渓谷社，1977.
5) Karl Rohnke 著：COWSTAILS AND COBRAS. Project Adventure Inc, 1977.
6) Benjy Simpson 著：Initiative Games. 1978（非刊行物）．
7) David E. Wood, James C. Gillis, Jr. 著：ADVENTURE EDUCATION. National Education Association, 1979.
8) Andrew Fluegelman 著：MORE NEW GAMES！ The Headland Press, 1981.
9) Terry Orlick 著：THE SECOND COOPERATIVE SPORTS & GAMES BOOK. Pantheon Books, 1982.
10) Karl Rohnke 著：SILVER BULLETS. Project Adventure Inc, 1984.
11) 梶原　玲，鈴鹿　卓，植野郁子，宮本陽子著：室内ゲーム大辞典．東陽出版，1984.
12) 影山　健，岡崎　勝編：みんなでトロプス！　風媒社，1984.
13) 茨木惇輔，京口和雄，村野　実，本橋成淋著：体育ゲーム大辞典．東陽出版，1986.
14) Karl Rohnke 著：THE BOTTOMLESS BAG. Kendall/Hunt Publishing, 1988.
15) Andrew Wright, David Betteridge, Michael Buckby 著．須貝猛敏訳：英語のゲーム101．大修館書店，1988.
16) 影山　健，岡崎勝編：スポーツからトロプスへ．風媒社，1988.
17) 諸澄敏之著：お疲れ仮面．神奈川県立中央青年の家資料．1989（非刊行物）．
18) Karl Rohnke 著：COWSTAILS AND COBRAS Ⅱ. Project Adventure Inc, 1989.
19) 諸澄敏之著：お疲れ仮面の逆襲．神奈川県立中央青年の家資料．1990（非刊行物）．

20) Karl Rohnke 著：THE BOTTOMLESS BAGGIE. Kendall/Hunt Publishing, 1991.
21) Karl Rohnke, Steve Butler 著：QUICK SILVER. Project Adventure Inc, 1995.
22) William J. Kreidler, Lisa Furlong 著：Adventures in Peacemaking. Project Adventure Inc, 1995.（PAJ訳：対立がちからに．みくに出版，2001）
23) Karl Rohnke 著：FUNN STUFF Vol.1. Kendall/Hunt Publishing, 1996.
24) Karl Rohnke 著：FUNN STUFF Vol.2. Kendall/Hunt Publishing, 1996.
25) Dick Prouty, Jim Schoel, Paul Radcliff 著．PAJ訳：アドベンチャーグループカウンセリングの実践．みくに出版，1997.
26) Karl Rohnke 著：FUNN STUFF Vol.3. Kendall/Hunt Publishing, 1998.
27) 高久啓吾著：楽しみながら信頼関係を築くゲーム集．学事出版，1998.
28) Zip Lines No.36. Project Adventure Inc, 1998.
29) 諸澄敏之著：Protruding NAVEL. NAVEL 資料. 1998（非刊行物）．
30) 諸澄敏之著：HEAVY BOX. NAVEL 資料. 1998（非刊行物）．
31) 二宮　孝，中山正秀，諸澄敏之著：今こそ学校にアドベンチャー教育を．学事出版，1998.
32) Karl Rohnke, Jim Grout 著：BACK POCKET Adventure. Project Adventure Inc, 1998.
33) 諸澄敏之著：NO GOOD？　NAVEL 資料，1999（非刊行物）．
34) 米国環境教育協議会原著：プロジェクト・ワイルド 本編／水辺編．（財）公園緑地管理財団，1999.
35) 諸澄敏之著：ANOTHER DISH．NAVEL 資料，2000（非刊行物）．
36) Karl Rohnke 著：FUNN STUFF Vol.4. Kendall/Hunt Publishing, 2000.
37) 諸澄敏之著：ゲーム責め！　NAVEL 資料，2001（非刊行物）．
38) 諸澄敏之著：50／50. NAVEL 資料．2002（非刊行物）．
39) Karl Rohnke 著：SMALL BOOK ABOUT LARGE GROUP GAMES. Kendall/Hunt Publishing, 2003.
40) 諸澄敏之著：大便ゲーム．NAVEL 資料，2004（非刊行物）．

用語説明

アイスブレイク
　初対面の緊張した固い雰囲気を和やかにさせること。ゲームに入る前のつかみのトークから始まる場合が多い。

イニシアティブ
　グループで課題を達成するアクティビティ。いわゆる「イニシアチブをとる」とは別義。30人で本を出版することも一種のイニシアティブ。

ジェットバルーン
　空気が抜けるときにヒューって飛んでいく棒状の風船。

スポットマーカー
　立ち位置がわかるようにしたゴム製のレコード盤のような物。レコード盤の説明も必要ですか？

スタティックロープ／ダイナミックロープ
　ダイナミックは登山用のザイル。スタティックロープよりも伸び率があり、柔らかく扱いやすい。衝撃吸収という点ではダイナミックロープ。スタティックロープは、ヨットや洞くつの探検で使われる。どちらも直径11mm程度。ゲームに使う分には差異はない。

チャレンジ・バイ・チョイス
　参加するか否かとか、目標の難易度などを参加者自身が決定すること。強制されての参加では学びは期待できない。

ディ・インヒビタイザー
　楽しい雰囲気で羞恥心などを排除し、それぞれの殻を打ち破るようなアクティビティ。アイスブレイクが不十分なまま無理強いすると、かえって殻は閉じてしまう。

トラストアクティビティ
　信頼関係を構築するアクティビティ。物理的にも精神的にも手順を踏んでから行わなければ、単なる度胸だめしになってしまう。

ノンバーバル
　言葉を使わずに、無言で行うこと。同じアクティビティもノンバーバルにすることで難度が高まる。コミュニケーションのほとんどは、言語に依存していないことに気づくはず。

ハチの巣
　狭い範囲で衝突しないで動き回る活動。歩く速さのオニごっこなどの前に事前の活動として行われることもある。

バンパー
目を閉じる、歩き回る、早足になる活動の際の、事故防止のために両肘を曲げて自分の体の前に出したポーズ。

PA
プロジェクト アドベンチャー。70 年代にアメリカで始まった冒険教育（体験教育）の体系。日本（PAJ）には、90 年代半ばから。PA はラボラトリーメソッドの体験学習法と同様に、優れた体験学習の方法である。

ファシリテーター
いわるゆリーダーのこと。率先指導せずにグループの変化や成長を側面から支援し促進する立場をファシリテーターと呼ぶ。

フニャボール
毛糸玉のフリースボールやスポンジボールなど、顔に当たっても痛くないボールの本書での総称。100 円均一ショップやおもちゃの量販店でいろいろなフニャボールが手に入る。

フニャ剣
PA ではバファ。ウレタン製の剣や水道工事の保温チューブ、空気で膨らますおもちゃの剣など、本書での柔らかい剣の総称。新聞紙をきっちり巻いた物は硬すぎるし、先っぽが目に当たると危険なので代用できない。

フリースボール
毛糸でできている、当たっても痛くないボール。毛糸を洗剤を使って丸めると、柔らくて触り心地のよいボールを作ることもできる。適度な重さと柔らかさで、いかにもアメリカ生まれの PA の小道具らしい。

ブリーフィング
ゲームの目的やルールなど、活動の事前説明。ブリーフィングの方法ひとつで、参加意欲は増減する。活動後のふり返りはディブリーフィング。

ラバーチキン
PA でよく使用されるゴム製の毛の抜けた鶏のぬいぐるみ。ラバーチキンやアースボールは PA の象徴。フラミンゴはハイファイブの象徴。青っ鼻は昔の子どもの象徴。

ラバーリング
おもちゃの輪投げに使われるような、ウレタンゴム製のリング。直径は約 20cm で腕がスポッと入るような物。硬質ゴム製は顔に当たると痛いので不可。

編者紹介　諸澄敏之（もろずみ　としゆき）

筑波大学大学院修了（野外教育）。OBS、PAを学び、高校、青少年宿泊研修施設、不登校キャンプ担当等を経て現職（県立鎌倉高校）。著書に『よく効くふれあいゲーム119』（杏林書院）、『今こそ学校にアドベンチャー教育を』（共著、学事出版）ほか。趣味のイラストでは『プロジェクトアドベンチャーの実践：対立がちからに』（みくに出版）、Karl Rohnkeとのコンビで『FUNN STUFF』、『SMALL BOOK ABOUT LARGE GROUP GAMES』（いずれもKENDALL/HUNT）ほか。

2005年11月20日　第1版第1刷発行
2015年　4月20日　　　　第5刷発行

みんなのPA系ゲーム243

定価（本体1,600円＋税）　　　　　　　　　　　　　　　　　　　　検印省略

監　修	プロジェクト アドベンチャー ジャパン©
編著者	諸澄　敏之©
発行者	太田　康平
発行所	株式会社　杏林書院
	〒113-0034　東京都文京区湯島4-2-1
	Tel　03-3811-4887（代）
	Fax　03-3811-9148
	http://www.kyorin-shoin.co.jp
表紙デザイン	保田　薫（HILLBILLY）
印刷／製本	広研印刷／川島製本所

ISBN 978-4-7644-1573-7　C3075　　　　　　　　　　　Printed in Japan
乱丁・落丁の場合はお取り替えいたします．

・本書の複製権・翻訳権・上映権・譲渡権・公衆送信権（送信可能化権を含む）は株式会社杏林書院が保有します．
・ JCOPY ＜（社）出版者著作権管理機構　委託出版物＞
　本書の無断複製は著作権法上での例外を除き禁じられています．複製される場合は，そのつど事前に，（社）出版者著作権管理機構（電話03-3513-6969，FAX 03-3513-6979，e-mail：info@jcopy.or.jp）の許諾を得てください．